SIETE

PRINCIPIOS CLAVE
PARA UN MINISTERIO EFICAZ

El cuidado de iglesias florecientes
en una cultura posmoderna

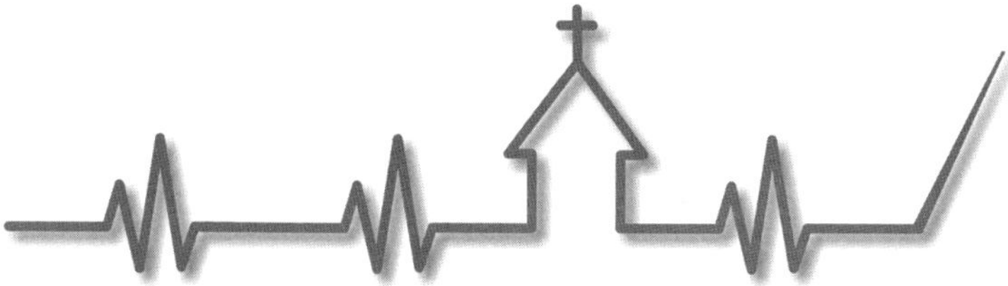

DAVID A. HARRELL

EDITORIAL
PORTAVOZ

La misión de *Editorial Portavoz* consiste en proporcionar productos de calidad —con integridad y excelencia—, desde una perspectiva bíblica y confiable, que animen a las personas a conocer y servir a Jesucristo.

Título del original: *Seven Key Principles for Effective Ministry: Nurturing Thriving Churches in a Postmodern Culture.* Copyright © 2019 por David A. Harrell, y publicado por Shepherd Press, Wapwallopen, PA 18660, U.S.A. Traducido con permiso. Todos los derechos reservados.

Edición en castellano: *Siete principios clave para un ministerio eficaz* © 2021 por Editorial Portavoz, filial de Kregel Inc., Grand Rapids, Michigan 49505. Todos los derechos reservados. Publicado por acuerdo con Crossway.

EDITORIAL PORTAVOZ
2450 Oak Industrial Drive NE
Grand Rapids, Michigan 49505 USA
Visítenos en: www.portavoz.com

ISBN 978-0-8254-5968-9 (rústica)
ISBN 978-0-8254-6918-3 (Kindle)
ISBN 978-0-8254-7765-2 (epub)

1 2 3 4 5 edición / año 30 29 28 27 26 25 24 23 22 21

Impreso en los Estados Unidos de América
Printed in the United States of America

«Dave Harrell bosqueja con inusual claridad las características esenciales del ministerio eclesiástico auténtico. Su libro y fuente última de autoridad es la Biblia. Sus mentores son Cristo y los apóstoles. Su actitud es la de un pastor, no un ejecutivo. El resultado es un manual claro y convincente para pastores y líderes de la Iglesia. Prepárate para ser instruido, animado y motivado en gran manera».

John MacArthur, pastor-maestro, Grace Community Church; rector, The Master's University and Seminary

«La Iglesia visible de hoy está atiborrada de hombres (y algunas mujeres) que ocupan cargos de autoridad pastoral, pero no están llamados ni calificados para liderarla. Ellos siguen el ejemplo del liderazgo del mundo empresarial, la industria del entretenimiento, los políticos, los eruditos o las fuentes de sabiduría mundana e inteligencia humana. La filosofía del ministerio resultante es esencialmente pragmática, no bíblica. Los pragmáticos y comediantes tal vez sean eficaces en montar un espectáculo que atraiga multitudes, pero lo que ellos están haciendo no es ministerio real según ningún estándar serio del Nuevo Testamento. No son verdaderos pastores del rebaño de Dios. Ellos son a lo que se refería Jesús cuando habló del «asalariado» en Juan 10:12-13. Esta provechosa obra de David Harrell condensa de manera breve los principios esenciales del auténtico ministerio bíblico. Es un excelente correctivo para las tendencias que han dejado débiles e ineficaces espiritualmente a tantas iglesias evangélicas posmodernas».

Phil Johnson, director ejecutivo, Grace to You

«En un tiempo cuando lamentablemente la experiencia, la emoción, el pragmatismo, la transigencia e, incluso, la confusión, predominan en muchas iglesias alrededor del mundo, David Harrell nos recuerda acertadamente que Dios quiere que sus pastores se dediquen al ministerio de manera eficaz. En lugar de ir tras resultados, fama o éxito humano, este libro enfatiza de forma adecuada que los pastores alrededor del planeta deberían dedicarse a pastorear al pueblo de Dios como Él quiere y para su gloria, siguiendo principios bíblicos intemporales».

David Robles, pastor, Iglesia Evangélica de León; presidente del Seminario Berea, España

«He conocido y respetado a David Harrell durante casi cuatro décadas. Dado su profundo amor por Cristo y las Escrituras, no sorprende descubrir que su experiencia de vida como consejero, profesor, pastor y maestro esté vertida en esta excelente obra. Desearía haber aprendido estos siete principios hace tiempo, cuando yo era un pastor joven. Esta es una lectura obligada para cada pastor y líder de la Iglesia, y se debería enseñar en cada seminario».

Tom Branson, pastor principal, Hanson Baptist Church, Hanson, Kentucky

«En un mundo donde las palabras son muchas y las distracciones compiten por tu atención, resulta renovador contar con un libro tan claro, directo y potente, como *Siete principios clave para un ministerio eficaz.* La joya de David Harrell es un libro que querrás leer anualmente, solo para recordarte a ti mismo las cuestiones fundamentales del ministerio y para incentivarte a permanecer en el camino. A medida que leas este libro, sentirás que eres instruido a los pies de un pastor mayor y sabio. Este será un recurso seguro en nuestra formación de pastores en África».

Shannon Hurley, fundador, Sufficiency of Scripture Ministries, Uganda, África

«Hoy día se escucha bastante acerca del agotamiento ministerial, y existen muchos factores que contribuyen a ello. Dave Harrell aborda algunos de estos factores en su libro *Siete principios clave para un ministerio eficaz.* Si estás tentado a tirar la toalla, o conoces a alguien que lo está, este libro, escrito en el contexto de muchos años de experiencia pastoral y cimentado en las Escrituras, será una útil ayuda para mantener el rumbo».

Joseph A. Pipa Jr., presidente, Greenville Presbyterian Theological Seminary, Taylors, Carolina del Sur.

«No hay nada más estabilizador en el ministerio que hundir nuestras raíces muy profundo en las Escrituras, en medio de los ventarrones de la vida. Esto es lo que David Harrell nos ayuda a hacer. Considera los capítulos de este libro si has de producir fruto que glorifique a Dios en la Iglesia y por medio de ella, en una cultura que se ha soltado de los anclajes de su Creador y ha quedado a la deriva. ¡Con la sabiduría de Dios nunca errarás! Este es un libro que vale la pena leer y pasar a aquellos que están emprendiendo el viaje del liderazgo y ministerio eclesiástico».

Conrad Mbewe, pastor, Kabwata Baptist Church, Lusaka, Zambia.

DEDICATORIA

A mi esposa, Nancy,
por su ejemplo y leal amor como el de Cristo,
la expresión más tangible de la gracia de Dios en mi vida.
Ningún esposo podría tener mayor ayuda;
ningún pastor podría tener mejor compañera.

Engrandezcan al SEÑOR conmigo,
Y exaltemos a una Su nombre.
SALMO 34:3

AGRADECIMIENTOS

La idea de este libro fue el resultado de la obra del Espíritu en mi corazón cuando predicaba sobre la epístola de Pablo a los Colosenses, especialmente una exposición que hice del capítulo 1 versículos 24-29, con el título «Siete convicciones que rigen el corazón de un pastor». Estos breves versículos resumían perfectamente un paradigma bíblico para el ministerio pastoral que se puede percibir en todo el Nuevo Testamento, y uno que yo había adoptado desde el comienzo de mi ministerio.

Por lo tanto, también deseo agradecer a los apreciados santos de Calvary Bible Church por su común compromiso con estos principios clave que emergen de las Escrituras; y al igual que los santos de Tesalónica, por «su obra de fe, su trabajo de amor y la firmeza de su esperanza en nuestro Señor Jesucristo» (1 Ts. 1:3).

También debo agradecer a mi querida amiga y asistente, Pamela Ufen (una fiel e incansable sierva junto con su esposo, Brian), por su edición del texto en las primeras etapas del proceso. También deseo expresar mi gratitud a mi amigo y también pastor, John Fast (Hilltop Bible Church, Murfreesboro, Tennessee), por ejercer su discernimiento espiritual y perspicacia teológica al criticar los capítulos durante el proceso inicial de edición, antes de enviar el texto a una editorial.

Un especial agradecimiento también para Jim Holmes, editor de adquisiciones en Shepherd Press, cuyo corazón se identificó con el mío en la revisión inicial y quien recomendó el libro a Shepherd Press para ser considerado. Jim ofreció hábilmente sus sabios comentarios en el sustantivo proceso de edición y sigue siendo una fuente de aliento e inspiración.

Y, finalmente, deseo expresar mi mejor aprecio a Tedd y Aaron Tripp de Shepherd Press por su disposición a colaborar conmigo en este proyecto de publicación, para que en todas las cosas Cristo tenga la preeminencia.

CONTENIDO

Prólogo 11

SIETE PRINCIPIOS CLAVE

1. Consumido por la gloria de Dios 17
2. Contento con su sufrimiento. 41
3. Convencido de su llamado 66
4. Controlado por un solo mensaje 92
5. Confiado en un solo método. 113
6. Comprometido con un solo fin. 139
7. Confirmado por un solo poder 164

PRÓLOGO

Supongo que llegar al último cuarto de la vida es similar a comenzar el último cuarto de un partido de fútbol americano. Uno sabe que pronto se acabará el tiempo y solo le queda el período final para dar lo mejor. Ahí es donde me encuentro. Habiendo pasado la mayor parte de mi vida sirviendo a Cristo, primero como consejero y profesor bíblico, capacitando y ministrando a pastores y líderes de la Iglesia, luego como pastor de una naciente iglesia en un suburbio rural de Nashville, Tennessee (donde he servido ya por más de dos décadas), ahora estoy feliz de llegar a mi último cuarto.

Como todo pastor, espero terminar bien. Para usar un trillado cliché deportivo: «¡Espero dejarlo todo en la cancha!». Mi oración es poder decir al final con el apóstol Pablo: «He peleado la buena batalla, he terminado la carrera, he guardado la fe» (2 Ti. 4:7). Y en este espíritu me he visto instado a escribir este libro.

Si bien cualquier cristiano puede resultar beneficiado, este libro es primordialmente para pastores, seminaristas que estén considerando el ministerio pastoral y líderes eclesiásticos que se encuentran nadando contra la corriente de una cultura posmoderna. Está escrito desde la perspectiva de alguien que sabe cómo es comenzar una iglesia con un puñado de personas y ver a Dios darle crecimiento espiritual y numérico, contra toda posibilidad.

Por otra parte, estoy plenamente consciente de las dificultades que enfrentan los pastores, en especial las dinámicas únicas de las congregaciones más pequeñas, que conforman la inmensa mayoría de las iglesias evangélicas alrededor del mundo. He pasado gran parte de mi vida cuidando a pastores: escuchando sus historias, compartiendo su dolor, consolando sus tristezas, confrontando su pecado y animándolos a permanecer firmes, pase lo que pase. En todo este proceso he aprendido mucho acerca de mí mismo, acerca del ministerio pastoral, acerca de la Iglesia y acerca del poder que tiene la Palabra de Dios para transformar vidas. También he aprendido mucho sobre las diabólicas artimañas del enemigo para engañar, distraer, dividir, desanimar y destruir a pastores e iglesias.

Tal como en cada período de la historia de la redención desde el nacimiento de la Iglesia en Pentecostés, ha habido preocupantes dispensaciones de transigencia que han azotado al cuerpo de Cristo. Si bien los pormenores pueden variar, en cada situación el auge y la caída de la fidelidad en la Iglesia ha dependido de los *pastores,* hombres a los que Dios ha comisionado para que hablen por Él y pastoreen su rebaño. Cuando ellos han fallado, la Iglesia ha seguido su ejemplo. Pero cuando han permanecido firmes en la fe, ha florecido, no solo sobreviviendo en medio de gran oposición, sino también creciendo a causa de ello.

Ahora vivimos en una era posmoderna que representa muchas amenazas únicas a la iglesia evangélica. Muchos pastores admiten que a causa de esto están en crisis. El evangelicalismo —en otro tiempo definido por su compromiso con las doctrinas y prácticas de la Reforma protestante— ahora ha devenido en un movimiento espiritual amorfo, cuya única conexión con la fe cristiana histórica es lo que está escrito en la declaración doctrinal de las iglesias individuales: un documento que la mayoría de los miembros nunca han leído ni podrían explicar. Hoy se está obligando al cristianismo a adoptar la *experiencia* por sobre la *verdad.* De hecho, los conceptos de *verdad absoluta* o *moral* ahora son rechazados en nuestra cultura posmoderna con su predominante actitud de escepticismo, subjetivismo y relativismo. Vivimos en un mundo donde todos los puntos de vista, sin importar qué tan absurdos o contradictorios sean, deben ser considerados igualmente válidos. Ya se trate de política o religión, ahora la *emoción* ha remplazado a la *razón.*

Lamentablemente, la mayoría de los evangélicos creen que el medio más eficaz de alcanzar este mundo posmoderno para Cristo es que la Iglesia se vuelva más atractiva y relevante para la cultura. Debe reinventarse, acomodar su mensaje evangélico, ser menos dogmática, más terapéutica, tolerante y entretenida. Debe consentir a la cultura, asumir sus causas sociales, incluso adoptar su forma y nunca oponérsele.

Otros sostendrán —como hago yo en este libro— que tal postura es totalmente ajena a las Escrituras y, por tanto, atenúa el poder y la bendición de Dios. Además, dado que Dios no es ni remotamente como nosotros, es una insensatez tratar de hacerlo parte de nosotros. Su naturaleza y sus atributos exceden infinitamente nuestra capacidad siquiera de imaginar. Su grandeza y santidad superan los límites de nuestros pensamientos y caminos. En consecuencia, Él no puede ser acomodado a nuestro mundo, un mundo del cual nos ha salvado haciendo lo impensable, y que un día va a destruir.

Aunque resulta horriblemente ofensivo para la cultura, a Dios le interesa solo una cosa: *su gloria,* la cual se revela con suma claridad en la persona y obra de su amado Hijo, el Señor Jesucristo, quien murió vicariamente para salvar a los pecadores. Por este motivo, su Iglesia debe enfocarse de forma exclusiva en el evangelio y en su promesa de salvar a todos los que se vuelven del pecado y confían en Cristo como Salvador y Señor.

Además, la Iglesia, por su naturaleza misma, es radicalmente distinta a cualquier cosa de la cultura. Es una señal de un reino divino que el mundo no puede comprender. Está compuesta de extranjeros cuya ciudadanía está en el cielo; personas que han recibido una palabra desde otro reino y que anhelan partir de esta tierra en el momento señalado por Dios. Por lo tanto, cuando los cristianos se reúnen para adorar, lo hacen porque un Dios inescrutablemente glorioso los ha convocado para que lo *adoren* y lo *escuchen.* Por eso sus servicios de adoración son una experiencia de *otro mundo,* una reunión donde Dios habla por medio de los tartamudos labios de hombres divinamente designados, y donde se administran los sacramentos en memoria de Cristo, manteniendo a sus adoradores en un estado de absorta reverencia.

A la luz de esta perspectiva bíblica, en lugar de reinventar la Iglesia para hacerla relevante, sostendré que debemos recuperar la esencia de la Iglesia del Nuevo Testamento, cuya autenticidad espiritual se puede apreciar con la mayor claridad en la iglesia protestante de la Reforma.

Pero ¿cómo llevamos esto a la práctica? ¿Qué significa para pastores y líderes? ¿Cuál era la filosofía del ministerio de Pablo que desató el poder de Dios en su testimonio del evangelio y lo hizo tan increíblemente exitoso en la plantación de iglesias? ¿De qué manera guardó su corazón y evitó la transigencia moral y doctrinal en un mundo que estaba constantemente intentando seducirlo o matarlo? ¿Cómo logró no solo *sobrevivir,* sino también *fructificar* en el ministerio del evangelio, a pesar de semejante oposición satánica y violenta?

Esta es la clase de preguntas que el propio Pablo respondió, especialmente en su testimonio registrado en Colosenses 1:24-29:

> Ahora me alegro de mis sufrimientos por ustedes, y en mi carne, completando lo que falta de las aflicciones de Cristo, hago mi parte por Su cuerpo, que es la iglesia. De esta iglesia fui hecho ministro conforme a la administración de Dios que me fue dada para beneficio de ustedes, a fin de llevar a cabo la predicación de la palabra de Dios, es decir, el misterio que ha estado oculto desde los siglos y generaciones, pero que ahora ha sido manifestado a sus santos. A estos Dios quiso dar a conocer cuáles son las riquezas de la gloria de este misterio entre los gentiles, que es Cristo en ustedes, la esperanza de la gloria. A Él nosotros proclamamos, amonestando a todos los hombres, y enseñando a todos los hombres con toda sabiduría, a fin de poder presentar a todo hombre perfecto en Cristo. Con este fin también trabajo, esforzándome según Su poder que obra poderosamente en mí.

El propósito de este libro es examinar la vida y el ministerio del apóstol Pablo fundamentalmente (pero no exclusivamente) a través del lente de este pasaje de las Escrituras. De este surgirán *siete principios clave* que informaron sus decisiones, disiparon sus temores y calmaron sus tristezas, principios que cada pastor y líder de la Iglesia puede guardar en su corazón; siete mandatos divinos que deben guiar nuestro ministerio como hicieron con el del apóstol. Pablo estaba:

1. Consumido por la gloria de Dios
2. Contento con su sufrimiento

3. Convencido de su llamado
4. Controlado por un solo mensaje
5. Confiado en un solo método
6. Comprometido con un solo fin
7. Confirmado por un solo poder

Ante la influencia mundana del posmodernismo sobre la iglesia evangélica, que ha menguado enormemente su impacto evangélico en la cultura, los pastores y las congregaciones pueden adquirir claridad y consuelo bíblicos al examinar estas convicciones que condujeron al apóstol Pablo. Mi oración es que estos principios fortalezcan y alienten a cada fiel siervo de Cristo para pelear la batalla por el evangelio con valor, reflexión y amor.

David Harrell

PRINCIPIO CLAVE #1:
Consumido por la gloria de Dios

Entonces, ya sea que coman, que beban, o que hagan cualquier otra cosa, háganlo todo para la gloria de Dios (1 Co. 10:31).

Todo pastor fiel y líder eclesiástico dedicado experimentará épocas de tristeza y traición. Esto no debería extrañarnos, sabiendo que servimos a nuestro Maestro, que «fue despreciado y desechado de los hombres, varón de dolores y experimentado en aflicción» (Is. 53:3). Al principio de mi ministerio, hubo ocasiones cuando me preguntaba: «¿Por qué estoy haciendo esto? ¿Estoy haciendo realmente lo que Dios quiere que haga y de la manera que Él quiere que se haga?». Hubo momentos cuando, de manera literal, lloré por situaciones tan profundamente desalentadoras que desesperaba la vida misma.

Aunque la etiología de la depresión puede ser multifacética, las inevitables dificultades asociadas al ministerio pastoral pueden ser un factor que incide en ello, un reto para el pastor más robusto física y espiritualmente. En los primeros días del ministerio de Charles Spurgeon, el dolor de las calumnias y la burla era tan grande que estuvo tentado a desistir. Su esposa Susannah solía esconder el diario a la mañana para protegerlo de más insultos. Él describió su melancolía de esta manera: «El cerrojo de hierro que tan misteriosamente atranca la puerta de la esperanza y retiene nuestro espíritu en una lóbrega prisión requiere de una mano celestial para abrirlo».[1]

Si estás en el ministerio pastoral, conoces el sentimiento. Sabes cómo es extenuarse con los rigores de servicio, verter tu vida en aquellos que Dios ha puesto a tu cargo, hasta que algo sucede en la iglesia que te deja sin habla, desvalido y tentado a rendirte. Si bien todos podemos hallar consuelo en el conocimiento de que Dios pretende hacer algo en nuestra vida durante aquellas pruebas de la gracia, aun así, luchamos con el temor y a veces con la falta de motivación. La mayoría de los pastores que he aconsejado o conozco personalmente como amigos admitirán este hecho.

Lo que he aprendido de la experiencia, y más importante aún, de las Escrituras, es que necesitamos más que saber que «para los que aman a Dios, todas las cosas cooperan para bien» (Ro. 8:28); incluso más que saber que «la prueba de su fe produce paciencia» (Stg. 1:3), con todo lo verdaderas y maravillosas que son esas promesas. Necesitamos algo tan admirable, tan motivador, que nada pueda impedir que volvamos a ponernos de pie cuando seamos derribados; algo que siempre nos inste a empuñar nuestra espada y volver a la batalla.

Lo que necesitamos es *un celo por la gloria de Dios;* un celo que solo pueda provenir de *una visión de la majestad de Dios que cautive el alma y destruya el pecado.* No me refiero a una visión real como las seis visiones que tuvo Pablo y están registradas en Hechos. Ni estoy hablando de las supuestas visiones o los sueños reveladores que son habituales en el movimiento carismático. Más bien me refiero a una obsesión que domine la vida por la gloria intrínseca de Dios; verlo como Él se ha revelado en la creación y en las Escrituras, y llamar a todos a adorar al Rey Jesús, a quien se le ha otorgado toda autoridad sobre el cielo y la tierra (Mt. 28:17-20) y se le ha concedido «un dominio eterno que nunca pasará» (Dn. 7:14).

En Efesios 1, el apóstol Pablo aborda el compromiso de Dios con

1. C. H. Spurgeon, *Lectures to My Students* (Peabody, MA: Hendrickson Publishers Marketing, LLC, reimp. 1875 ed., 3.ra imp., 2012), p. 168. Publicado en español por editorial Mundo Hispano con el título *Discursos a mis estudiantes.*

su propia gloria en la salvación, en lo que se podría considerar un magnífico himno de alabanza. Hablando de nuestras bendiciones espirituales en Cristo, él nos recuerda que el Padre

> nos escogió en Cristo antes de la fundación del mundo, para que fuéramos santos y sin mancha delante de Él. En amor nos predestinó para adopción como hijos para sí mediante Jesucristo, conforme a la buena intención de Su voluntad, *para alabanza de la gloria de Su gracia* que gratuitamente ha impartido sobre nosotros en el Amado (Ef. 1:4-6, cursivas añadidas).

Debemos estar perpetuamente ocupados en estas profundas verdades, permitiendo que susciten en nuestro interior un asombro reverente que traiga como resultado natural una sincera devoción a su gloria en todo lo que hacemos, pase lo que pase. Esto concuerda con el mandato de Jesús: «Así brille la luz de ustedes delante de los hombres, para que vean sus buenas acciones y glorifiquen a su Padre que está en los cielos» (Mt. 5:16). Esto es lo que significa tener un *celo por la gloria de Dios*. Debe consumir nuestra alma una fascinación por el carácter de Dios manifestado en sus obras, su Palabra y su pueblo. Un temor de Dios tan profundo que nuestro corazón cante su propia versión del cántico de alabanza de David:

> Te exaltaré mi Dios, oh Rey,
> Y bendeciré Tu nombre eternamente y para siempre.
> Todos los días te bendeciré,
> Y alabaré Tu nombre eternamente y para siempre.
> Grande es el SEÑOR, y digno de ser alabado en gran manera,
> Y Su grandeza es inescrutable.
> Una generación alabará Tus obras a otra generación,
> Y anunciará Tus hechos poderosos.
> En el glorioso esplendor de Tu majestad,
> Y en Tus obras maravillosas meditaré (Sal. 145:1-5).

La preocupación por la insondable gloria y grandeza de Dios no es una sugerencia; ¡es un mandato! Hablando por medio de su salmista inspirado, Dios exhorta a toda su creación diciendo: «Tema al SEÑOR toda la tierra; tiemblen en Su presencia todos los habitantes del mundo» (Sal. 33:8). Este tipo de mirada pone todas las cosas de la vida, buenas y malas, en su adecuada perspectiva. Nada en la vida se compara con las incomprensibles perfecciones de nuestro Creador y Redentor, cuya gloria un día compartiremos.

¿Es esto lo que caracteriza la pasión de tu corazón? ¿Te glorías «en Su santo nombre» (1 Cr. 16:10)? Espero que todos podamos compartir la doxología de adoración de Salomón:

> Bendito sea el Señor Dios, el Dios de Israel,
> El único que hace maravillas.
> Bendito sea Su glorioso nombre para siempre,
> Sea llena de Su gloria toda la tierra.
> Amén y amén (Sal. 72:18-19).

UN ATISBO DE LA GLORIA DE DIOS

Tal vez una leve chispa de la trascendente majestad de Dios sea útil para avivar las cenizas de nuestra pasión y encender nuevamente la llama. Entre las tontas preocupaciones de nuestra carne y las profanas distracciones del mundo, es fácil que este fuego se extinga.

El término hebreo del Antiguo Testamento para «gloria» (*kabod)* proviene de una raíz que significa «pesado». Comunicaba la idea del peso de algo y, por tanto, era una medida de su valor o cuantía. Por eso, por ejemplo, decimos que algo «vale su peso en oro». En consecuencia, el término se suele usar en un sentido figurado para sugerir una notable dignidad o el valor intrínseco de una persona.

En el Nuevo Testamento, el término para gloria es *doxa,* del cual deriva nuestra palabra *doxología.* En la cultura helénica se usaba *doxa* para expresar la elevada opinión que las personas tenían respecto a alguien sobre la base de su carácter o sus logros. En la Septuaginta se usaba para expresar el brillante esplendor de la gloria de Dios, la cual, en el Antiguo Testamento, se retrataba como la esencia misma de su naturaleza manifestada en su universo creado mediante la revelación natural y especial (Sal. 19).

El apóstol Pablo también dejó claro en sus epístolas que *todo lo que Dios es y hace habla de su gloria inherente* (p. ej., Ef. 1:6; 3:16; Col. 1:11) y, en especial, su invasión a su universo material. Esto se aprecia con suma claridad en la encarnación de Cristo, la cual el apóstol Juan describió con estas palabras: «El Verbo se hizo carne, y habitó entre nosotros, y vimos Su gloria, gloria como del unigénito del Padre, lleno de gracia y de verdad» (Jn. 1:14).

La pasión por esta misma gloria ocupó el corazón del Salvador en la víspera de su crucifixión. En su Oración Sumosacerdotal, Él oró para que sus discípulos vieran la naturaleza esencial de Dios en sus acciones y quedaran deslumbrados por la magnificencia del Señor su Dios en su obra redentora. Él oró: «Padre, la hora ha llegado; glorifica a Tu Hijo, para que el Hijo te glorifique a Ti… Y ahora, glorifícame Tú, Padre, junto a Ti… La gloria que me diste les he dado, para que sean uno, así como Nosotros somos uno» (Jn. 17:1, 5, 22).

Sin duda, la gloria de Jesús estaba velada cuando asumió la carne humana. Pero irrumpió parcialmente a través del velo cuando el resplandor de su gloria emanó de Él sobre el Monte de la Transfiguración (Lc. 9:29-31). Vemos algo similar cuando la airada turba vino a arrestarlo en el huerto. «Les dijo: "¿A quién buscan?". "A Jesús el Nazareno", le respondieron. Él les dijo: "Yo soy"… Y cuando Él les dijo: "Yo soy", retrocedieron y cayeron a tierra» (Jn. 18:4-6). Con tan solo pronunciar el nombre del pacto de Dios, «Yo soy» (*Ego eimi)*, ¡su gloria traspasó el velo y dio con sus adversarios en tierra! Allí el Señor de la gloria meramente pronunció el título que usó para describirse en Juan 8:58, donde les dijo a los judíos incrédulos: «Antes que Abraham naciera, Yo soy», refiriéndose a sí mismo en tiempo presente, lo que habla de su existencia por sí mismo. Él siempre *ha existido* y siempre *existirá*. Nunca ha habido un tiempo en que Él no haya existido. Aquí vemos que la gloria de Dios y su nombre son sinónimos.

Moisés advirtió a los israelitas «de poner en práctica todas las palabras de esta ley que están escritas en este libro, temiendo este nombre glorioso y temible, el Señor tu Dios» (Dt. 28:58). En el libro de los Salmos se lo denomina el «Rey de gloria» (Sal. 24:8, 9, 10) y el «Dios de gloria» (Sal. 29:3). Por este motivo, el salmista exclama: «No a nosotros, Señor, no a nosotros, sino a Tu nombre da gloria»

(Sal. 115:1). Dios es celoso de su nombre, porque es celoso de su gloria. En su modelo de oración, Jesús nos manda orar: «Padre nuestro que estás en los cielos, santificado sea Tu nombre» (Mt. 6:9), una apasionada petición (no una declaración) para que Dios santifique su nombre. Debemos orar que Él haga que su nombre sea tratado con suma santidad para que pueda ser temido, obedecido, adorado y glorificado (Lv. 10:3).

Incluso nos dio una aterradora visión de su gloria cuando la manifestó en la columna de nube y fuego (su presencia *Shekinah*), que una vez cubrió el Monte Sinaí y que luego condujo a los israelitas en su peregrinaje por el desierto hacia la tierra prometida. Qué bella imagen de su gracia redentora la que proclamamos como ministros del evangelio de Cristo; Aquel que es la personificación misma de la gloria de Dios (2 Co. 4:5-6); «el resplandor de Su gloria y la expresión exacta de Su naturaleza» (He. 1:3).

Y, en cada demostración de la gloria de Dios, contemplamos claramente su *santidad,* el atributo abarcador de su infinita perfección, pureza y poder. Por lo tanto, nuestro celo por la gloria de Dios desata el poder del Espíritu Santo dentro de nosotros. Esto ocasiona que nuestra vida contribuya a su gloria y nuestra alma se inunde del inexpresable gozo de su presencia. Por esta sola razón, como pastores, debemos tener un *celo por la gloria de Dios;* más que todos los demás debemos poseer *una visión de la majestad de Dios que cautive el alma y destruya el pecado.* Me temo, sin embargo, que esta no es la norma en nuestra cultura evangélica. Muchos adoran lo que David Wells describe como un Dios «ligero»:

> Una de las características distintivas de nuestro tiempo es que ahora Dios es ligero. No me refiero a que sea etéreo, sino más bien que se ha vuelto irrelevante. Él reposa sobre el mundo de un modo tan intrascendente, que pasa inadvertido. Ha perdido su prominencia para la vida humana. Aquellos que en las encuestas aseguran que creen en la existencia de Dios pueden, no obstante, considerarlo menos interesante que la televisión; sus mandatos tienen menos autoridad que los apetitos de ellos por riquezas e influencia; su juicio no inspira más temor que las noticias de la

> noche, y su verdad es menos convincente que el dulce vaho de adulación y mentira de los publicistas. Eso es ligereza.[2]

Como ministros, hemos sido llamados y dotados para proclamar el evangelio de Dios y llevar una vida que irradie su gloria. Este es nuestro deber: «Canten al Señor, bendigan Su nombre; proclamen de día en día las buenas nuevas de Su salvación. Cuenten Su gloria entre las naciones, sus maravillas entre todos los pueblos. Porque grande es el Señor, y muy digno de ser alabado; temible es Él sobre todos los dioses» (Sal. 96:2-4). Debemos imitar sobre la tierra la clase de adoración que los ángeles y los santos que se han ido antes que nosotros ofrecen en el cielo (Ap. 5:12-14).

¡Esta es la razón de nuestra existencia! El Catecismo Menor de Westminster lo dice acertadamente: «El fin principal del hombre es el de glorificar a Dios, y gozar de Él para siempre» (Sal. 86; Is. 60:21; Ro. 11:36; 1 Co. 6:20; 10:31; Ap. 4:11). ¿Es esta la pasión de tu corazón?

En su libro *The Forgotten Spurgeon [Spurgeon, un príncipe olvidado]*, Iain Murray describió cómo una celosa preocupación por la gloria de Dios desató el poder del Espíritu en el ministerio de Spurgeon:

> Un solemne sentido de responsabilidad no era el motivo impulsor de su predicación; él estaba apremiado por algo más elevado que el llamado del deber:
>
> > Mas si pudiera tomar algún descanso,
> > y no llamara el deber,
> > amo a mi Dios con celo tan grande
> > que todo le daría a él.
>
> Estas palabras nos llevan al centro de la predicación de Spurgeon. Él amaba proclamar «la gloria de Dios en el rostro de Jesucristo». Cristo era el «tema glorioso y envolvente» del ministerio de

2. David F. Wells, *God in the Wasteland* (Grand Rapids, MI: Eerdmans, 1994), p. 88.

Spurgeon, y ese Nombre convirtió las labores de su púlpito en «un baño en las aguas del Paraíso».[3]

Vemos la importancia de esta clase de reverencia y la consumidora maravilla de la gloria de Dios en las Escrituras, especialmente en las epístolas de Pablo. Pero, por alguna razón, en mis primeros días de pastor lo pasé por alto. Quizá tú también lo hayas hecho. Permíteme recordarte el contexto de la carta de Pablo a los Colosenses. En este veremos la manera en que su celo por la gloria de Dios motivó cada una de sus palabras y acciones.

EL CAOS EN COLOSAS

Al igual que todas las iglesias confundidas respecto a la persona y la obra de Cristo, la iglesia del siglo I en Colosas se hallaba en cierto caos. Había sido fundada por Epafras, quien probablemente se había convertido en una visita a Éfeso, donde conoció al apóstol Pablo, quien trabajó allí por tres años. La composición judía y gentil de la iglesia produjo una extravagante fusión de cultura, religión y filosofía que Satanás usó para crear algunas herejías bastante atractivas, pero mortales.

Los gentiles estaban fuertemente influenciados por la filosofía griega. Ellos creían que el alma era una chispa divina del espíritu encarcelado en el cuerpo; esta es la semilla filosófica que condujo a varias formas de gnosticismo. Para ellos, el espíritu era bueno, pero la materia era mala, así que se mofaban de la idea de la encarnación de Cristo. No podían concebir a un Dios que asumiera un cuerpo humano y llegara a ser un Dios/Hombre, ni podían comprender que Cristo fuera la mismísima verdad encarnada. Ellos creían que el conocimiento espiritual trascendente solo estaba disponible para unos pocos selectos. Solo los iniciados altamente iluminados podían ascender alguna vez al más elevado nivel de espiritualidad. Vemos

3. Iain H. Murray, *The Forgotten Spurgeon* (Edimburgo, the Banner of Truth, 1994), p. 40. Publicado en español por la misma editorial con el título *Spurgeon, un príncipe olvidado.*

elementos de esta clase de misticismo prácticamente en todas las religiones falsas de hoy, desde el catolicismo romano al budismo.

No obstante, los judíos creyentes de Colosas infectaban la iglesia con algo diferente. Ellos llevaban ciertos elementos de ascetismo (la práctica de una estricta negación de sí mismo como disciplina espiritual) y legalismo (salvación más circuncisión, la práctica de comidas y festivales, ceremonias rituales, leyes alimentarias, el sábado, etc.), junto con la adoración de ángeles y su propia versión de experiencias místicas. ¡Pobre Epafras! *Ascetismo* y *legalismo* judío, y *misticismo* pagano... su iglesia se había convertido en un hervidero de engaños mortales. Dada esta situación, Epafras viajó hasta la mismísima Roma (Col. 4:12-13) para pedirle consejo al apóstol Pablo, quien estaba encarcelado allí. Y por la gracia de Dios, su consejo también está disponible para todos nosotros.

EL CELO DE PABLO POR LA GLORIA DE DIOS

Las herejías en la iglesia de Colosas eran como células cancerígenas que nunca mueren, sino que siguen creciendo y forman nuevas células anormales que invaden otros tejidos. Por este motivo, en respuesta a Epafras, Pablo escribió la epístola a los Colosenses desde la prisión, y les advirtió: «Miren que nadie los haga cautivos por medio de su filosofía y vanas sutilezas, según la tradición de los hombres, conforme a los principios elementales del mundo y no según Cristo» (Col. 2:8).

Pienso que esta respuesta de Pablo, así como su carta entera, está guiada por la más fundamental de todas las doctrinas y, por tanto, la motivación primordial de su vida y ministerio: *un celo por la gloria de Dios manifestada en la persona y la obra de Jesucristo.*

Desde un comienzo, él afirmó la supremacía de Cristo sobre toda la creación, diciendo: «Porque en Él fueron creadas todas las cosas, *tanto* en los cielos *como* en la tierra, visibles e invisibles; ya sean tronos o dominios o poderes o autoridades; todo ha sido creado por medio de Él *y para Él* (Col. 1:16; cursivas añadidas). ¡Pablo estaba fascinado por la realidad de que Dios creó todas las cosas para manifestar su gloria por siempre! Pese a que él desfallecía en un calabozo romano, estaba ansioso por defender la inefable magnificencia de la gloria de Dios, de la cual había sido testigo presencial en el camino a Damasco cuando fue confrontado por el propio Señor Jesucristo. En el comienzo mismo de su conversión y ministerio se le concedió *una visión de la gloria de Dios que ocasionó un celo por esa gloria.*

Dios también le permitió a Pablo presenciar la asombrosa maravilla de su majestad cuando fue «arrebatado al paraíso» (2 Co. 12:4), donde escuchó y vio cosas tan inconcebibles e «inefables que al hombre no se le permite expresar». Las experiencias de Pablo ayudan a explicar su pasión al revelar la deidad de Cristo en Colosenses, una pasión que todo pastor debe compartir. Sabiendo que Dios es sumamente glorificado por su gracia salvadora por medio de Cristo (Jn. 17:5), nosotros, lo mismo que Pablo, deseamos que las personas vean la gloria de nuestro Rey y le sirvan en «Su reino... que no será destruido» (Dn. 7:14). La trascendente santidad de su persona y la grandeza de sus obras nos humillan hasta la médula. Esto es lo que enciende nuestro celo por la evangelización. Pablo lo expresa de esta manera:

> Porque no nos predicamos a nosotros mismos, sino a Cristo Jesús como Señor, y a nosotros como siervos de ustedes por amor de Jesús. Pues Dios, que dijo: «De las tinieblas resplandecerá la luz», es el que ha resplandecido en nuestros corazones, para iluminación del conocimiento de la gloria de Dios en el rostro de Cristo (2 Co. 4:5-6).

Este tema está presente en toda su carta a los Colosenses. Después que Pablo ha expresado su gratitud por la fe de ellos (1:3-8) y ha orado por su sabiduría espiritual, entendimiento y crecimiento del conocimiento de Dios (vv. 9-14), el resto del capítulo suena como una extensa doxología de alabanza acerca del Cristo exaltado. Parece que su pluma no alcanza a seguir el paso de su corazón cuando este estalla en una apasionada y contagiosa alabanza.

Pablo estaba consumido por la gloria de Dios, la más esencial convicción que rige el corazón de un pastor. Él deja claro que la grandeza de la gloria de Dios no solo existe fuera de un creyente, sino también en su *interior.* Este era «el misterio que [había] estado oculto desde los siglos y generaciones, pero que ahora ha sido manifestado a sus santos» (v. 26): «Cristo en ustedes, la esperanza de la gloria» (v. 27). Esta era una dinamizante verdad que lo motivaba a trabajar con gran empeño (v. 29).

Y es emocionante saber que, a causa de la obra de santificación del Espíritu que mora en nosotros, somos transformados a semejanza de Cristo. Pero no solo *reflejamos* su gloria; esta *resplandece* desde nuestro interior. Por esta razón, Pablo dice: «Todos nosotros, con el rostro descubierto, contemplando como en un espejo la gloria del Señor, estamos siendo transformados en la misma imagen de gloria en gloria, como por el Señor, el Espíritu» (2 Co. 3:18). ¡Qué magnífica realidad!

Su invariable enfoque en la gloria de Dios —especialmente en lo que respecta al elevado llamado del creyente— emerge fuerte y claro en su amonestación a los santos, cuando dice:

> Si ustedes, pues, han resucitado con Cristo, busquen las cosas de arriba, donde está Cristo sentado a la diestra de Dios. Pongan la mira en las cosas de arriba, no en las de la tierra. Porque ustedes han muerto, y su vida está escondida con Cristo en Dios. Cuando Cristo, nuestra vida, sea manifestado, entonces ustedes también serán manifestados con Él en gloria (Col. 3:1-4).

Pablo entendía lo que era vivir en un plano más alto, trascender lo temporal y enfocarse en lo eterno. Él sabía que en esta tierra no hay nada que pueda brindar gozo y satisfacción duraderos, a pesar de que los deseos de la carne nos dicen lo contrario. Sabía que Dios había puesto dentro de nosotros una insaciable hambre de conocerlo y una sed que solo su presencia puede apagar. Todo santo que ha nacido de nuevo dirá con el salmista: «Como el ciervo anhela las corrientes de agua, así suspira por Ti, oh Dios, el alma mía» (Sal. 42:1).

Soli Deo gloria era la afirmación fundamental de la Reforma. El propósito eterno del plan de redención de Dios es reconciliar a los pecadores consigo mismo y restaurarnos a un lugar donde nuestras vidas contribuyan a su gloria. Esto solo ocurre mediante un decisivo compromiso con la justicia y santidad personal (Ef. 1:4; 2 Co. 11:2-3) anclada en el fundamento de la revelación divina. La santidad y la verdad son dos caras de la misma moneda. Si nuestro celo por Dios no está de acuerdo con la verdad, será por un dios que hemos creado según nuestros propios deseos, caprichos, prejuicios y tradiciones teológicas. Es imposible tener un celo por la gloria de Dios sin un celo por la verdad que Él nos ha revelado en su Palabra inspirada, una realidad que hace demasiada falta en el evangelicalismo de hoy.

Los judíos tenían celo, pero sin conocimiento, y muchos cristianos tienen conocimiento sin un genuino amor a Dios y su verdad. La mayoría de las iglesias simplemente no toleran la sana doctrina. Su compromiso con la verdad está determinado por sus intereses mundanos, no por un amor a la verdad y la gloria de Dios.

Pero nuestra búsqueda personal de la santidad basada en las Escrituras está en el centro mismo de la exhortación de Pablo: «Entonces, ya sea que coman, que beban, o que hagan cualquier otra cosa, háganlo todo para la gloria de Dios» (1 Co. 10:31). Los creyentes que no están comprometidos con la santidad y la justicia personal sobre la base de la verdad de la Palabra de Dios nunca serán asombrados por la inescrutable grandeza y el poder de Dios. Sus vidas nunca contribuirán a su gloria. Antes bien, su eficacia en el servicio a Cristo se verá enormemente limitada, ¡en especial si son pastores! De todas las personas, nosotros debemos estar dedicados a estos aspectos fundamentales de la fe. Solo entonces nos envolverá la gloria de Dios que ahora habita en nosotros.

Piensa en esto: en un misterio que excede nuestra capacidad de comprender, Dios nos *redimió* para que pudiera *habitar* en nosotros. Existimos en Él: «[Nuestra] vida está escondida con Cristo en Dios» (Col. 3:3). Por este motivo, Pablo dice: «Si el Espíritu de Aquel que resucitó a Jesús de entre los muertos habita en ustedes, el mismo que resucitó a Cristo Jesús de entre los muertos, también dará vida a sus cuerpos mortales por medio de Su Espíritu que habita en ustedes» (Ro. 8:11). A la luz de esto, podemos considerar la gloria que reside en nosotros como una ojiva nuclear espiritual que espera ser detonada. Las capacidades sobrenaturales que poseemos gracias a nuestra unión con Cristo son inimaginables, pero a menudo nos vemos tentados a operar en nuestra carne, en lugar de creer que todo lo podemos —es decir, sufrirlo todo, soportarlo todo, perseverar en todo, confiar en Él en todo— en Cristo que nos fortalece (Fil. 4:13).

Por lo tanto, podemos entender por qué Pablo podía exclamar: «A Aquel que es poderoso para hacer todo mucho más abundantemente de lo que pedimos o entendemos, según el poder que obra en nosotros, a Él sea la gloria en la iglesia y en Cristo Jesús por todas las generaciones, por los siglos de los siglos. Amén» (Ef. 3:20-21). ¿Puede haber un mayor incentivo para servir a Cristo sin temor ni concesiones? El mayor motivo para servir a Cristo debe ser un sincero amor por Él y su Palabra, porque son inseparables. Esto se traduce en un ministerio pastoral que no está dispuesto a transigir en un mundo que exige precisamente eso cada vez más.

Cuanto más rehusamos ceder a la cultura, más hallaremos que estamos solos en el ministerio. Seremos como Josué y Caleb, quienes estuvieron peligrosamente cerca de ser apedreados por ir contra el talante del pueblo. Seremos como Miqueas, quien se enfrentó solo a la opinión unánime de cuatrocientos profetas. Seremos como Sadrac, Mesac y Abednego, quienes, de todos los judíos exiliados en Babilonia, se negaron a inclinarse ante la imagen de oro. Seremos como Lutero, quien rehusó transigir con Roma; nos uniremos a las filas de todos los mártires quemados por María la Sanguinaria porque se negaron a afirmar la presencia real en el pan y el vino. Pero gracias a Cristo que nos fortalece, perseveraremos con poder y alegría.

Por causa de la obra expiatoria de Cristo y el derramamiento de su Espíritu sobre nosotros, también participamos de las bendiciones de la trascendente magnificencia de Dios. El apóstol Pablo describió esto contrastando la gloria de Dios que fue descuidada por Israel con la excelente gloria de Dios que debe ser recibida de todo corazón como consecuencia del nuevo pacto:

> Y si el ministerio de muerte grabado con letras en piedras fue con gloria, de tal manera que los israelitas no podían fijar la vista en el rostro de Moisés por causa de la gloria de su rostro, la cual se desvanecía, ¿cómo no será aún con más gloria el ministerio del Espíritu? Porque si el ministerio de condenación tiene gloria, mucho más abunda en gloria el ministerio de justicia. Pues en

> verdad, lo que tenía gloria, en este caso no tiene gloria por razón de la gloria que lo sobrepasa. Porque si lo que se desvanece fue con gloria, mucho más es con gloria lo que permanece (2 Co. 3:7-11).

La gloria que se reflejaba en el rostro de Moisés se desvaneció gradualmente, lo cual simboliza la gloria pasajera del antiguo pacto. Pero la gloria del nuevo pacto que sobrepasó la del anterior y lo remplazó permanentemente *jamás se desvanecerá,* pues fue completada para siempre por la muerte sacrificial de Cristo en la cruz: «Porque por una ofrenda Él ha hecho perfectos para siempre a los que son santificados» (He. 10:14). Para usar la vívida imaginería del tabernáculo del antiguo pacto, la gloria de Dios, que en otro tiempo se cernía entre los querubines sobre el propiciatorio y sobre el arca del pacto, ahora reside en los redimidos y nos convierte a cada uno de nosotros en un templo del Espíritu Santo (1 Co. 6:19). Esta sola verdad debería alentar el corazón de cada pastor hacia cada vez mayores alturas de pureza personal y pasión por Cristo, ¡para que Él tenga la preeminencia en todas las cosas!

IMPLICACIONES DE LA RESURRECCIÓN

También debemos recordar que las *implicaciones de la resurrección y la glorificación de Jesucristo* superan la importancia y el poder de todos los demás acontecimientos de la historia. Su único rival es la creación real del universo, porque dentro del cuerpo resucitado de Jesucristo existía la fuente de poder sobrenatural de la vida eterna y el reino eterno de Dios. Pablo oraba por los efesios para que conocieran «cuál es la extraordinaria grandeza de Su poder para con nosotros los que creemos, conforme a la eficacia de la fuerza de Su poder. Ese poder obró en Cristo cuando lo resucitó de entre los muertos y lo sentó a Su diestra en los lugares celestiales» (Ef. 1:19-20). Este es un poder que debemos pedir en oración para nuestra congregación y para nosotros.

En el cuerpo resucitado de Cristo estaba contenida la semilla sobrenatural de la gloria de la resurrección para todos aquellos que el Padre le había dado, la fuente de poder del universo, «Cristo en ustedes, la esperanza de gloria» (Col. 1:27). Hemos sido unidos de forma sobrenatural al Creador y Sustentador del reino eterno de Dios. Y piensa de qué manera esto se relaciona con nosotros: «Cristo ha resucitado de entre los muertos, primicias de los que durmieron. Porque ya que la muerte entró por un hombre, también por un hombre vino la resurrección de los muertos. Porque así como en Adán todos mueren, también en Cristo todos serán vivificados» (1 Co. 15:20-22).

En Cristo se nos ha dado una nueva clase de existencia. Recuerda que su cuerpo alcanzó la perfección, ya no sujeto a la debilidad o la muerte, sino capaz de vivir eternamente. Él se «vistió de inmortalidad»; por tanto, al igual que su cuerpo resucitado, el nuestro también será levantado «incorruptible... en gloria... en poder... un cuerpo espiritual» (1 Co. 15:42-44). Recibiremos un cuerpo como el de Cristo, apto para el cielo, ya no sujeto a enfermedad, muerte o vergüenza por causa del pecado; no más fragilidad en la tentación, no más límites en la esfera tiempo-espacio, donde ahora existimos. En el cuerpo resucitado de Cristo residía el infinito poder del Creador del universo, quien existe por sí mismo, es preexistente y no creado, quien habló y trajo todas las cosas a la existencia y las sostiene por la palabra de su poder; una fuerza infinitamente más potente que cualquier cosa que el ser humano pueda crear o siquiera imaginar. Y pensemos que un día lo contemplaremos a Él (1 Jn. 3:2) en un cuerpo que de muchas formas lucirá como el nuestro, pero del que emanará el esplendor de la celestial majestad de Dios, la resplandeciente luz de su gloria, que brilla con más refulgencia que el sol.

En efecto, Cristo es las «primicias»: un ejemplo preciso de la futura cosecha. Esto significa que nuestros cuerpos resucitados serán como el suyo de muchas formas, salvo los atributos incomunicables que le pertenecen solo a Él. No es de extrañar que Pablo, pese a estar físicamente atribulado, manifestara tanto entusiasmo en su respuesta a los colosenses. *¡Estaba consumido por la gloria de Dios!* Él entendía que estaba unido al Cristo resucitado, la fuente de la vida eterna para todos los que creen en el Hijo de Dios crucificado y resucitado.

El predicador escocés William Still describió esto con su inimitable estilo:

> Él es el embrión de todo lo que un día existirá fuera del infierno. Todo lo que no pertenezca a Él en su cuerpo resucitado, y no emane de Él, un día será quemado. Solo permanecerá lo que es transformado por su poder y gloria venideros. El potencial de aquel nuevo Cristo, que se presentó ante María al principio y que ella lo confundió con el hortelano, es la fuente de todo lo que sobrevivirá de la creación original cuando sea quemada y reconstituida. Y el Espíritu Santo enviado de Él, perteneciente a Él y que contiene todas las virtudes de sus victorias sobre toda maldad, es quien habita en tu pobre corazón y el mío.[4]

Qué precioso consuelo debería ser esto para cada hijo de Dios. Y qué gran motivación debería ser para cada pastor fiel que se esfuerza en la Palabra, pelea contra el mundo, pastorea sus ovejas y ahuyenta los lobos. Por este motivo, podemos decir con Pablo:

> Por tanto no desfallecemos, antes bien, aunque nuestro hombre exterior va decayendo, sin embargo nuestro hombre interior se renueva de día en día. Pues esta aflicción leve y pasajera nos produce un eterno peso de gloria que sobrepasa toda comparación, al no poner nuestra vista en las cosas que se ven, sino en las que no se ven. Porque las cosas que se ven son temporales, pero las que no se ven son eternas (2 Co. 4:16-18).

LA GLORIA DE DIOS EN LA PREDICACIÓN DEL EVANGELIO

Epafras se estaba desanimando. ¿Quién no lo haría, en vista de todo el caos en su iglesia local? Él necesitaba aliento, y los creyentes necesitaban una buena dosis de verdad, especialmente en lo relacionado a la preeminencia de Cristo. Aquí debe comenzar el ministerio eficaz: con una pasión que nos consuma por la gloria de Dios, que brilla con sumo esplendor en el «evangelio de la gloria de Cristo» (2 Co. 4:4).

4. Extracto del sermón de William Still sobre Juan 20:10-18, tomado de una grabación, en línea, http://tapesfromscotland.org/Audio3/3320.mp3. Recurso en inglés.

Al igual que los santos de Corinto, Pablo quería que ellos vieran la «iluminación del conocimiento de la gloria de Dios en el rostro de Cristo» (v. 6). Él quería que manifestaran esta gloria forjadora del evangelio como lo hacían los tesalonicenses, de quienes dijo: «Dios los ha escogido desde el principio para salvación mediante la santificación por el Espíritu y la fe en la verdad. Fue para esto que Él los llamó mediante nuestro evangelio, *para que alcancen la gloria de nuestro Señor Jesucristo*» (2 Ts. 2:13-14, cursivas añadidas).

Ahora bien, en términos prácticos, ningún pastor será capaz de predicar intrépida y fielmente el evangelio en toda su pureza y poder, a menos que tenga un inamovible celo por la gloria de Dios. De no ser así, desarrollará sutilmente —quizá de forma inconsciente— *un celo por su propia gloria.*

- Se promocionará a sí mismo antes que a Dios, olvidando que Él no comparte su gloria con nadie (Is. 42:8).
- Buscará el aplauso de los hombres antes que el de Dios, olvidando que «tenemos este tesoro en vasos de barro, para que la extraordinaria grandeza del poder sea de Dios y no de nosotros» (2 Co. 4:7).
- Estará más preocupado por la imagen personal y el placer, que por la santidad personal y por negarse a sí mismo (2 Co. 7:1; Lc. 9:23).
- Estará más preocupado por los métodos que por los motivos, olvidando el testimonio de Pablo a los corintios: «Estuve entre ustedes con debilidad y con temor y mucho temblor» (1 Co. 2:3).
- Confundirá la emoción con la adoración en Espíritu y verdad (Jn. 4:24).
- Predicará las últimas teorías de la psicología y la sociología antes que la Palabra de Dios, que es inspirada, inerrante, infalible, tiene autoridad y es plenamente suficiente (2 Ti. 4:2).
- Se empeñará en entender la cultura contemporánea antes que esforzarse por entender las Escrituras (2 Ti. 2:15).
- Será cada vez más hábil en histrionismo y técnicas manipuladoras para hacer que las personas «tomen una decisión por Cristo», porque no entiende que nosotros no traemos las

> personas a Cristo; ¡llevamos a Cristo a las personas! Y cuando Dios es proclamado adecuadamente, Él mismo infunde vida espiritual en los que están espiritualmente muertos, despierta a los pecadores a la fe y, en su gran misericordia, los hace nacer de nuevo (Ro. 10:17).

Por este motivo, Pablo luego dijo que su «mensaje y [su] predicación no fueron con palabras persuasivas de sabiduría, sino con demostración del Espíritu y de poder, para que la fe de ustedes no descanse en la sabiduría de los hombres, sino en el poder de Dios» (1 Co. 2:4-5). Pero lamentablemente, esto no es lo que vemos en muchos púlpitos evangélicos de hoy. Más bien vemos pastores que se promueven a sí mismos predicando una versión diluida del evangelio, diseñada para apelar a los que están espiritualmente muertos y a los santos inmaduros de la congregación. Sin duda la predicación de «un evangelio diferente» que pervierte «el evangelio de Cristo» (Gá. 1:6-7) definitivamente llenará centros de adoración. Pero también engañará a los pecadores, infectará a la iglesia con el espíritu de la época, le robará a Dios la gloria y dará lugar a la retribución divina. Por esta razón, Pablo alzó la voz contra los que predican un evangelio extraño, diciendo: «Sea anatema… sea anatema» (vv. 8-9). Maldito es el hombre que se atreve a alterar o adulterar la vía que Dios ha elegido para revelar su gloria a un mundo perdido y moribundo mediante su evangelio.

Lo que se ha perdido en la mayor parte de la actual predicación del evangelio es el propósito de Dios al salvar a los pecadores. Aquella se detiene en el perdón e ignora, incluso se burla, de la santidad. Aminora el milagro de la regeneración al ignorar que Dios implanta un nuevo principio de vida en cada verdadero creyente. La nueva criatura no es un mortinato; la verdadera santidad no es un hábito forzado y aprendido que no hace nada. Es un nuevo principio de vida. Tan pronto como este principio es implantado, el verdadero hijo de Dios procura vivir para la gloria de Dios con todas sus fuerzas. Cuanto más crece, y cuanta más luz posee con la cual ver, tanto más verá el pecado y el mundo en sus verdaderos colores. La semilla que el Espíritu siembra en el alma no permanece inactiva, sino que brota rápidamente y manifiesta que está viva por el fruto que produce.

Todas las cosas vivas crecen naturalmente, y parte de ese crecimiento incluirá en el creyente un asombro que cautivará su alma por la gloria intrínseca de Dios: una gloria que incluso reside dentro de él. Y cuando anticipa la completa gloria que lo espera, nada más importa en la vida. Su corazón anhelará ver las perfecciones de Dios manifestadas en sus obras, su Palabra y su pueblo. Vivirá con una entusiasta consciencia de que un día, de verdad, participará de la misma gloria que adora. Será el inusual hombre que realmente está «aguardando la esperanza bienaventurada y la manifestación de la gloria de nuestro gran Dios y Salvador Cristo Jesús» (Tit. 2:13). La esperanza de ver y participar de la gloria de Dios en Cristo llenará su corazón de alabanza y lo hará decir con Pablo: «nos gloriamos en la esperanza de la gloria de Dios» (Ro. 5:2). Todo lo que hace estará motivado por su deseo de promover la admiración y la adoración de su Salvador y Rey que viene, y el júbilo de saber que al final estará «sin mancha en presencia de Su gloria con gran alegría» (Jud. 24).

Paul David Tripp resume cómo se traduce esto en la práctica en nuestra vida y el ministerio:

> La guerra espiritual del ministerio se trata totalmente del asombro. La gran batalla continua en el ministerio no es una batalla de tiempo, finanzas, liderazgo o estrategia. La gran batalla es una batalla del asombro. El temor al hombre, que atrapa a tantos ministros y produce en ellos timidez y concesiones, es un problema de asombro. El sueño interrumpido por la ansiedad respecto a las finanzas de la iglesia es un problema de asombro. Estar demasiado dominado y controlado por tu propio plan para la iglesia es un problema de asombro. Estar demasiado consciente de cómo te ven y responden las personas es un problema de asombro. Conformarse con la mediocridad en el ministerio es un problema de asombro. Ser demasiado dominante y controlador en tu ministerio es un problema de asombro. Ser moralista y defensivo es un problema de asombro. Vivir aislado por miedo a ser conocido es un problema de asombro. La arrogancia de tener siempre la razón

> en lo teológico es un problema de asombro. Solo el asombro por Dios puede producir ese equilibrio entre humildad y valentía que caracteriza a todos los ministerios exitosos.[5]

Un problema de asombro, por lo tanto, debe entenderse en primer lugar como un problema del ego. Tendemos a amar demasiado el ego y demasiado poco a Cristo.

EL EJEMPLO DE ISAÍAS

Todo pastor necesita una buena dosis de lo que motivó a Isaías a seguir predicando a un pueblo al que, en su mayoría, Dios había endurecido y prometía juzgar. ¿Has pensado alguna vez en esto? ¿Cómo pudo Isaías soportar el ridículo y el rechazo toda su vida en servicio a Dios? ¿Qué lo motivó a perseverar en el ministerio frente a una oposición tan abrumadora? La respuesta es tan simple como profunda: *¡Tuvo una visión de la gloria de Dios que aterraba el alma y destruía el pecado!*

Después que Isaías presenció la majestad y la misericordia de Dios, no volvió a ser el mismo. Él vio «al Señor sentado sobre un trono alto y sublime, y la orla de Su manto llenaba el templo» (Is. 6:1). Vio a los serafines que volaban alrededor del trono de Dios para obedecer sus órdenes, y clamaban unos a otros: «"Santo, Santo, Santo es el SEÑOR de los ejércitos, llena está toda la tierra de Su gloria". Y se estremecieron los cimientos de los umbrales a la voz del que clamaba, y la casa se llenó de humo» (vv. 3-4). Mientras estuvo en la presencia del fuego consumidor de la santidad divina con su pecaminosidad totalmente expuesta, su corazón estalló en confesión, diciendo: «¡Ay de mí! Porque perdido estoy, pues soy hombre de labios inmundos y en medio de un pueblo de labios inmundos habito, porque mis ojos han visto al Rey, el SEÑOR de los ejércitos» (v. 5). Luego, después de tomar la iniciativa para limpiar al profeta de su pecado, el Señor dijo: «¿A quién enviaré, y quién irá por nosotros?», a lo que Isaías respondió: «Aquí estoy; envíame a mí» (v. 8).

5. Paul David Tripp, *Awe* (Wheaton, IL: Crossway, 2015), p. 50. Publicado en español por Poiema con el título *Asombro*.

La respuesta de Isaías, su subsecuente ministerio y su martirio estuvieron motivados no solo por la *misericordia* de Dios ¡sino también por su *majestad!* Estaba impulsado por algo aún más grande que el amor recíproco. Él tenía un *celo por la gloria de Dios,* una consumidora pasión por vivir a la luz —y un día volver a estar en presencia— de la inefable gloria del Dios viviente.

SUFRIMIENTO Y GLORIA

En los primeros días de mi ministerio, cuando experimentaba las más hondas profundidades de tristeza, y la gracia parecía una diminuta chispa a punto de apagarse, el Señor con amor me mostraba cuán apremiante era mi necesidad de la motivación de Isaías. Yo necesitaba, como dijo Pablo, ser «fortalecido con todo poder según la potencia de Su gloria, para obtener toda perseverancia y paciencia, con gozo» (Col. 1:11). Necesitaba esa fuerza impulsora resaltada en el triunfante lema de los reformadores: *Soli Deo Gloria.* Quizá tu corazón también se identifica con eso.

Esto es también lo que motivaba a Pablo, el apóstol con cicatrices de batalla, quien dijo: «Todo lo que hagan, de palabra o de hecho, háganlo todo en el nombre del Señor Jesús, dando gracias por medio de Él a Dios el Padre» (Col. 3:17). Y nuevamente en 1 Corintios 10:31 dice: «Entonces, ya sea que coman, que beban, o que hagan cualquier otra cosa, háganlo todo para la gloria de Dios». Esto habla de una gloria que actualmente *compartimos* y un día se *manifestará* en plenitud. Pablo, alegrándose por esta extraordinaria promesa, dice: «Por tanto, todo lo soporto por amor a los escogidos, para que también ellos obtengan la salvación que está en Cristo Jesús, y con ella gloria eterna» (2 Ti. 2:10).

Esta debe ser nuestra pasión como pastores. Cada vez que perdemos esto de vista, no solo nos encontramos luchando con sufrir «penalidades… como buen soldado de Cristo Jesús» (2 Ti. 2:3), sino que reorientamos nuestra atención desde los *motivos* hasta los *métodos.* Creemos neciamente que algún nuevo enfoque en el ministerio va a aliviar nuestro dolor, o bien vamos tras algún placer pasajero. También olvidamos que nuestra participación en el sufrimiento de Cristo es el camino mismo a la glorificación. Pablo lo expresa de este modo:

> El Espíritu mismo da testimonio a nuestro espíritu de que somos hijos de Dios. Y si somos hijos, somos también herederos; herederos de Dios y coherederos con Cristo, si en verdad padecemos con Él a fin de que también seamos glorificados con Él. Pues considero que los sufrimientos de este tiempo presente no son dignos de ser comparados con la gloria que nos ha de ser revelada (Ro. 8:16-18).

Pero demasiado a menudo como pastores queremos más alivio que bendición. Cuando esto sucede, nos ocupamos en una tarea inútil que le roba a Dios su gloria y la traspasa sutilmente a nosotros. El resultado es que nuestra vida y ministerio comienzan a girar en torno a la aprobación de las personas y no la de Dios. Puede que nos volvamos más populares y puede que nuestra iglesia crezca en número, pero no crecerá en un ardiente deseo de la gloria de Dios, demostrado en una membresía que tiene una pasión por andar «de una manera digna de la vocación con que han sido llamados» (Ef. 4:1).

PALABRAS FINALES

La gloria de Dios espera su plena expresión en los redimidos; y esto debe ser el centro en torno al cual orbiten nuestra vida y ministerio. ¿Por qué trabajaba Isaías como un odiado profeta del Altísimo, sabiendo que prácticamente nadie atendería a sus advertencias? ¿Por qué Pedro sirvió fielmente a Cristo por tres décadas, sabiendo en todo momento que la voluntad de Dios para él era que muriera crucificado al final de su vida (Jn. 21:18)? ¿Por qué Pablo soportó inimaginable persecución y tortura física por causa de Cristo? La respuesta es esta: *¡Ellos estaban sumamente cautivados por el conocimiento de la gloria de Dios en el rostro de Cristo!*

Cuando el profeta Agabo le dijo a Pablo lo que le esperaba en Jerusalén, la respuesta de este fue «listo estoy». Dios había preparado, determinado y fijado de tal manera la voluntad de Pablo para el mayor de los sufrimientos, que aun «prefería morir» antes que comprometer un milímetro de la verdad de Dios para salvarse. No estimaba su vida como valiosa, y si vamos a seguir su ejemplo, como él instruyó a

Timoteo y a todos los que vendrían después de él, entonces debemos llegar al mismo punto. ¿Estamos dispuestos? La mayoría nunca considera el costo, y a la mayoría le falta un apasionado anhelo de ver la gloria de Dios manifestada, sin importar el costo.

Como ministros del evangelio, que podamos hacer todo lo posible por recuperar y mantener esta visión que domina la vida. Que podamos manifestar un celo contagioso por la gloria de Dios en nuestra vida y ministerio, *el primer principio clave para el ministerio eficaz.* Que podamos vivir cada momento de nuestra vida con una apasionada expectativa del día cuando «será revelada la gloria del SEÑOR, y toda carne a una la verá, pues la boca del SEÑOR ha hablado» (Is. 40:5). Y cuando los demás vean nuestro fiel compromiso con la majestad de Cristo en nuestra vida, y lo escuchen en nuestras palabras, que también puedan decir: *¡Soli Deo Gloria!*

ALABA, ALMA MÍA, AL REY DEL CIELO

Alaba, alma mía, al Rey del cielo,
A sus pies rinde tributo.
Redimido, sanado, revivido, perdonado,
Canta por siempre su alabanza.
¡Aleluya, aleluya!
Alaba al Rey eterno.

Alábalo por su gracia y favor
A nuestros padres en angustia;
Alábalo, es el mismo siempre,
Lento para reprender, pronto para bendecir.
¡Aleluya, aleluya!
Glorioso en su fidelidad.

Como frágil flor de verano brotamos;
Sopla el viento y se marchita.
Aunque los mortales se alzan y perecen,
Dios permanece inalterable.
¡Aleluya, aleluya!
Alaba al Eterno exaltado.

Ángeles en lo alto, adórenlo,
Contemplándolo cara a cara;
Santos triunfantes, ante Él postrados,
Reunidos de toda raza.
¡Aleluya, aleluya!
¡Alabemos unidos al Dios de gracia!

Letra original: Henry F. Lyte (1793-1847)

PRINCIPIO CLAVE #2:
Contento con su sufrimiento

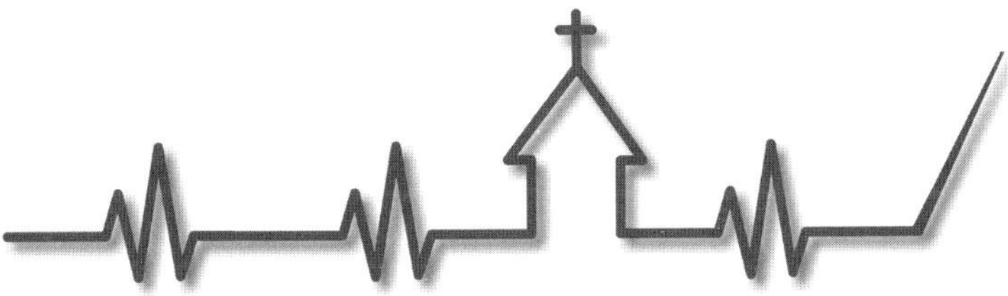

Ahora me alegro de mis sufrimientos por ustedes, y en mi carne, completando lo que falta de las aflicciones de Cristo, hago mi parte por Su cuerpo, que es la iglesia (Col. 1:24).

Como ningún otro apóstol, Pablo sufrió inmensamente por causa de su inamovible devoción al evangelio y su amor por Cristo y su Iglesia. En su conversión, el Señor le habló por medio de un hombre llamado Ananías respecto a «cuánto [debía] padecer por [su] nombre» (Hch. 9:16). Sin duda, «todos los que quieren vivir piadosamente en Cristo Jesús, serán perseguidos» (2 Ti. 3:12). Esta verdad amerita más explicación.

Como pastores y líderes de la Iglesia, debemos entender que no es una *forma* de piedad lo que el mundo difama y detesta, sino el *poder* de la piedad. El mundo puede vivir en paz con diversas formas de piedad. A Satanás no le importa si el mundo piensa que alguien es un buen cristiano, mientras sepa que esa persona sigue siendo su esclavo. ¿Cómo puede cualquier forma de piedad ofender al diablo cuando él es su inventor? Más bien, lo que el mundo detesta es la piedad y la santidad sinceras, en su sencillez y pureza, cimentadas en la pura

Palabra de Dios y guiadas por esta. La piedad del verdadero evangelio despierta la ira y la malicia de Satanás y sus seguidores, porque expone las infructuosas obras de las tinieblas como lo que realmente son.

Debemos observar también que la clase de piedad a la que se refiere Pablo es «en Cristo Jesús» (2 Ti. 3:12). En el mundo, hay toda clase de formas falsificadas de santidad y piedad. Si hay algo que ha aprendido el diablo es que la persecución pura y dura normalmente fortalece a la Iglesia, pero es la falta de santidad, la mundanalidad y la transigencia lo que la arruina. Incluso el deseo de vivir piadosamente basta para incitar el odio del mundo, porque como ya no deseamos buscar su aprobación ni correr con el mismo exceso de disipación que ellos, nos difaman. El mundo odia a los cristianos, porque no somos del mundo. Nuestros valores y el mensaje evangélico son ofensivos para el diabólico sistema mundano de Satanás (sistema que busca la adoración y glorificación de uno mismo), diseñado para frustrar los propósitos de Dios y así disminuir su gloria. Al igual que los habitantes de Babel, el mundo dice: «Hagámonos de renombre» (Gn. 11:4, RVC).

Jesús dijo que no había venido a traer paz, sino espada (Mt. 10:34), y puesto que el mundo lo odia, también odiará y perseguirá a todos los que lo sigan a Él (Jn. 15:18, 20).

Jesús vino para destruir las obras del diablo, así que este hace todo lo posible por incitar a sus agentes, que se disfrazan como siervos de la justicia, para malograr la obra de Cristo inventando toda clase de falsificaciones y llamándolas por el mismo nombre. Por causa de esto, debemos permanecer en constante vigilancia y discernimiento.

Sin embargo, también es cierto que el sufrimiento del pueblo de Dios se extenderá más allá del oprobio del mundo. También incluirá cosas como enfermedad crónica, enfermedad terminal, calamidades, pérdidas, pobreza, cargas desgarradoras, relaciones rotas, los horrores de la guerra y numerosas otras dificultades que Dios usa como medio de disciplina, que, al final, «da fruto apacible de justicia» (He. 12:11). Hay una gran diferencia entre los sufrimientos que son el resultado de vivir en un mundo maldecido por el pecado y son el efecto de rechazar y rebelarse contra la Palabra de Dios, y el sufrimiento que es consecuencia de ser cristiano y desear vivir piadosamente en Cristo Jesús. Uno es común a todas las personas, pero el otro está reservado solo para los verdaderos creyentes. Uno es causa de gran arrepentimiento y paciencia, mientras que el otro es causa de gozo, porque «el Espíritu de gloria y de Dios reposa sobre ustedes... Si alguien sufre como cristiano, que no se avergüence, sino que como tal glorifique a Dios» (1 P. 4:14-16).

Todo pastor fiel puede experimentar estas mismas cosas (y a menudo lo hará) y más, especialmente en su rol como pastor. Después de describir las terribles formas de persecución que había soportado de parte del mundo, Pablo dijo: «Además de tales cosas externas, está sobre mí la presión cotidiana de la preocupación por todas las iglesias» (2 Co. 11:28). Solo podemos imaginar las muchas batallas que enfrentó y los problemas interpersonales con los que tuvo que lidiar en las iglesias que plantó y pastoreó. En diversas formas, nosotros experimentamos lo mismo. Podemos identificarnos con Pablo en tanto que nos esforzamos por soportar el enorme peso de, continuamente, tener «cuidado de [nosotros] mismos y de toda la congregación, en medio de la cual el Espíritu Santo [nos] ha hecho obispos para pastorear la iglesia de Dios, la cual Él compró con Su propia sangre» (Hch. 20:28). Con Pablo todos podemos decir: «para estas cosas, ¿quién está capacitado?» (2 Co. 2:16).

En efecto, las Escrituras revelan una variedad de formas únicas de sufrimiento que parecen estar reservadas para aquellos que Dios ha llamado a pastorear su rebaño. Desde los cuarenta años de exilio de Moisés en el desierto hasta la «espina en la carne» de Pablo, Dios usa categorías especiales de sufrimiento para cumplir sus propósitos en la vida de sus pastores. El objetivo de este capítulo es reflexionar sobre estos asuntos como una forma de incentivar a los pastores y a los líderes a responder al sufrimiento y las humillaciones de formas que produzcan en ellos la presencia perceptible de Dios, que satisface el alma e inevitablemente suscita adoración absorta y capacitación del Espíritu. Esto, como veremos, es su deseo último.

ADVERTENCIA PARA FUTUROS PASTORES

Lo que voy a decir es muy cierto, muy típico, y puede ser muy desalentador. Así que, antes de decirlo, me parece importante ofrecer alguna esperanza real y aliento para suavizar el golpe. Muchos pastores —me incluyo— pueden afirmar sinceramente las inmensas bendiciones del ministerio pastoral. Aunque la labor suele ser abrumadora y nunca faltan los pesares, en general es mucho más *alentadora* que *desalentadora*. Mi propio andar ha estado lleno de numerosas batallas, algunas con individuos bajo mi cuidado que resultaron ser las personas más malvadas que haya conocido. De los muchos pastores que he aconsejado y orientado en los últimos treinta años, aún no he conocido a uno que no haya sido profundamente herido por alguno de sus propios ancianos (por cierto, esa ha sido también mi experiencia). De Jezabel a Judas, Demas a Diótrefes, Ananías y Safira a Evodia y Síntique, me he encontrado con todos. Pero puedo decir con total sinceridad que la fidelidad y la bondad de Dios han sido una constante fuente de gozo inexpresable, que trae como resultado mucho fruto en mi vida y en la vida de aquellos que he tenido el privilegio de pastorear. Sin duda mi testimonio halla eco en innumerables otros pastores, y sinceramente espero que sea el testimonio compartido de quienes lean este libro.

Sin embargo, debo ser franco: la mayoría de las iglesias son un desastre; trenes que esperan el descarrilamiento o que ya lo han sufrido. Muchas han tenido *Icabod* escrito en la entrada durante años, pero no lo saben o se niegan a admitirlo. Son como Sansón, quien «no sabía que el Señor se había apartado de él» (Jue 16:20). Toda iglesia será el hogar tanto de ovejas como de cabras, y unas y otras pueden ser divisivas y facciosas (1 Co. 11:18-19), siempre causando problemas y culpando a otro. Con la inestabilidad y la volatilidad de la nitroglicerina, están prestas a explotar al más leve golpe de desacuerdo u orgullo herido.

La mayoría de las iglesias más pequeñas son *de propiedad y operación familiar,* controladas por una oligarquía sin discernimiento bíblico y teológicamente analfabeta, sin ninguna intención de someterse a un pastor piadoso, a pesar de que lo negarían a muerte. Incluso en iglesias más grandes, muy pocos hombres en el liderazgo cumplen con los requisitos de un anciano (1 Ti. 3:1-7; Tit. 1:1-9), y la mayoría no tienen idea de cómo pastorear a su rebaño. Esto es especialmente cierto en iglesias gobernadas por un solo pastor o gobernadas por la congregación, antes que por una pluralidad de ancianos calificados (en conformidad con la enseñanza del Nuevo Testamento).[1] En ausencia de ancianos piadosos, las iglesias gobernadas por líderes incompetentes o una democracia con «gobierno de la mayoría» son notoriamente facciosas y carentes de discernimiento. El prominente predicador del Gran Avivamiento, George Whitefield, afirmó una vez: «Así como Dios no puede concederle una mayor bendición a una nación o un pueblo que darle ministros fieles, sinceros y correctos, así también la mayor maldición que Dios puede enviar sobre un pueblo en este mundo es entregarlo a guías ciegos, no regenerados, carnales, tibios e inhábiles».[2]

Cabe observar también que el típico comité de búsqueda (que algunos lectores pueden encontrar) suele estar conformado por hombres y mujeres de diversos grupos dentro de una iglesia, que están igualmente mal preparados y no tienen discernimiento. Son como personas ciegas tratando de seleccionar a alguien que pueda ver. Cuando los ciegos guían a los ciegos, ambos caen al hoyo. Se los podría comparar con personas bienintencionadas que, por haber ido a varios doctores en muchas ocasiones, ahora se reúnen para seleccionar al mejor neurocirujano para que sea jefe de personal en el hospital local. El problema es que no distinguen un cráneo de un cerebelo, ni un escalpelo de una sutura. Así que el criterio principal del típico comité de búsqueda pastoral se definirá por la *personalidad* y el *estilo de predicación.* Lamentablemente, la mayoría no posee suficiente discernimiento espiritual y agudeza teológica para mirar más allá de los detalles superficiales de una gran entrevista y un «sermón de prueba», el cual bien ensayado, será el mejor sermón que el candidato llegue a predicar. Esto no es una muestra representativa de lo que ellos pueden esperar en el largo plazo.

Naturalmente, el posible pastor estará entusiasmado, pero en la mayoría de los casos también será ingenuo. Será como un muchacho de dieciséis años en una venta de autos usados, que se prepara para comprar su primer auto. ¡Está tan emocionado ante la expectativa de cómo lucirá detrás del volante, que no llega a considerar lo que hay

1. Para un excelente tratamiento bíblico de este asunto, ver el libro de Alexander Strauch, *Liderazgo bíblico de ancianos: Un urgente llamado a restaurar el liderazgo bíblico en las iglesias* (Littleton, CO: Lewis and Roth Publishers, 2001).

2. George Whitefield, *The Method of Grace*, Sermón 58, de una grabación en: http://anglicanlibrary.org/whitefield/sermons/58.htm.

bajo el capó, por no hablar del costo del seguro! Ahí es donde un padre sabio resulta, en verdad, conveniente. Muchos pastores, en especial los nuevos, no son diferentes. Lo he visto en muchas ocasiones. Están tan entusiasmados por cómo lucirán detrás del púlpito, que no consideran lo que realmente está pasando bajo el capó de la iglesia. Dado que quieren agradarle al comité de búsqueda, evitan hacer las preguntas difíciles que podrían arruinar el trato; preguntas tales como:

- ¿Cómo se explican los breves períodos de sus pastores anteriores? ¿Les importa si hablo con ellos?
- ¿Cuál les parece que es la mayor debilidad espiritual de la iglesia?
- ¿Cuáles son las mayores cargas del liderazgo por la congregación? ¿Qué están haciendo para abordarlas?
- ¿Qué clase de apetito tiene la iglesia por la predicación, enseñanza y aplicación expositivas sistemáticas y en profundidad? ¿En qué basan su evaluación?
- Cuéntenme sobre la vida de oración de la iglesia; ¿refleja los principios expuestos en las Escrituras?
- ¿Pueden describir y validar el compromiso de la iglesia con la evangelización y el discipulado?
- ¿Quién les ofrece consejería bíblica a las personas? ¿En qué medida están capacitando a sus miembros para facilitar un cuidado bíblico del alma?
- ¿Cómo manejan la disciplina de la iglesia?

Además, el temeroso futuro pastor normalmente no entrevista a los líderes en forma *personal* y *privada* para verificar su madurez espiritual y sus verdaderas posturas doctrinales (no meramente declaradas). No les pide que expliquen cómo abordarían probables cuestiones «candentes» relacionadas con cosas como el divorcio y el nuevo matrimonio, la homosexualidad, el vestuario inmodesto, las preferencias personales controversiales y asuntos doctrinales divisivos. No les pregunta por la lista de libros que han estado leyendo el último año y quizá los principales cinco libros que han ejercido la mayor influencia en sus vidas. No les pide que mencionen cinco pastores o teólogos que han tenido el mayor impacto en sus vidas. No les pide que describan qué don(es) espiritual(es) *confirmarían otras personas en ellos* y cómo los están usando. Y así sucesivamente.

Por lo tanto, a fin de cuentas, en la mayoría de los casos, ni la iglesia ni el pastor candidato conocen realmente al otro muy bien, pero deciden casarse de todos modos. Luego, cuando se acaba la luna de miel (normalmente alrededor de un año), comienzan a aflorar los numerosos problemas subyacentes, que exponen las incapacidades y las propensiones pecaminosas de la congregación, el liderazgo y el propio pastor. Cuando las expectativas de ambas partes no se cumplen, aquellos que llevan un registro de los errores comienzan a publicarlos. Se encienden pequeños fuegos de chisme y difamación en lugares inesperados, manteniendo al pastor en constante alerta. Su frustración y enojo crecen junto con los de ellos. Incluso las posturas doctrinales claramente afirmadas y previamente acordadas del pastor, de pronto, algunos las perciben como divisivas. Comienzan a surgir ciertos antagonistas que forman una coalición opositora. Naturalmente, el pastor se siente amenazado. Su familia percibe una creciente sensación de alienación. Él teme que su cargo esté en peligro y empieza a formar su propio partido opositor, y así la guerra va escalando.

Este es el escenario perfecto para que Satanás haga su diablura. Es así como se dividen las iglesias. Con el tiempo, el conflicto se convierte en el centro de gravedad en torno al cual todo gira. Las prioridades bíblicas, como la evangelización, la capacitación de los santos, el discipulado, el pastoreo y la devota adoración a Dios, son remplazadas por una barahúnda impía. En lugar de amarse y servirse mutuamente, las facciones «se muerden y se devoran un[a]s a otr[a]s» (Gá. 5:15). Personas comienzan a abandonar la iglesia. Amigos se vuelven enemigos, y el pastor se desilusiona y deprime. Finalmente, él presenta su renuncia o es despedido.

Deshechos, amargados y sumamente exhaustos, muchos dejan el ministerio; a veces para salvar su matrimonio y, en algunos casos, para salvar su salud. He aconsejado a hombres (y sus esposas) en esta trágica condición más veces de las que quisiera recordar. Sus historias son desgarradoras.

Esto lo vemos ilustrado en el período promedio de un pastor de la

Convención Bautista del Sur, que es de solo un poco más de dos años según Thom Rainer, presidente de LifeWay Christian Resources de la Convención Bautista del Sur. Él hace esta observación:

> Aunque no encontré ninguna razón singular para la partida al tercer año, escuché varios temas comunes:
>
> - La luna de miel se acabó desde la perspectiva de la iglesia, que comenzó a ver las imperfecciones en el ministerio del pastor. Muchos manifestaron su inquietud por esas imperfecciones.
> - La luna de miel se acabó desde el punto de vista del pastor. Algunas promesas que hicieron aquellos que al principio lo buscaron no se cumplieron. Algunos pastores, de hecho, sintieron que habían sido engañados.
> - Cuando llega un nuevo pastor, la mayoría de los miembros de la iglesia tienen sus propias expectativas sobre él. Pero es imposible satisfacer las expectativas de todos. Para el tercer año, algunos miembros se decepcionan y están insatisfechos.
> - Normalmente hacia el tercer año, la iglesia tiene muchos miembros nuevos que han llegado dentro del período del actual pastor. Asimismo, algunos de los miembros anteriores al pastor han fallecido o se han mudado. A los miembros antiguos les parece grande el número de nuevos miembros. Algunos se sienten amenazados por estos cambios.
> - En cualquier relación de largo plazo, aquello que parece pintoresco y encantador puede volverse irritante y frustrante. Así, las singularidades del pastor pronto se convierten en sus faltas.
> - Todas las relaciones tienen épocas. Ninguna se puede mantener en una «altura» emocional.[3]

3. En línea, http://www.christianpost.com/news/the-dangerous-third-year-of-pastoral-tenure-121984/. Recurso en inglés.

Sin duda, hay muchas otras variables que pueden contribuir a períodos breves y divisiones de iglesias, pero tales consideraciones escapan a mi propósito aquí. Mi objetivo simplemente es advertir a los posibles pastores sobre escollos ocultos que deben sortear cuando consideren el ministerio pastoral, peligros que existirán aun en las mejores iglesias con los líderes más competentes. Recuerda, ¡el ministerio es una guerra! Así que no te sorprendas cuando recibas fuego.

Muchos jóvenes que consideran el ministerio pastoral están más impulsados por lo *romántico* que por la *realidad*. No logran tomar en cuenta que pastorearán a personas que han crecido en una cultura que *exige autonomía y se ofende con la autoridad*, y por tanto, nunca han sido realmente pastoreados por un valiente pastor piadoso y capacitado. Además, la falta de discernimiento bíblico en el evangelicalismo de hoy es sorprendente. Pocos saben lo que significa separar la verdad del error y examinarlo todo cuidadosamente (1 Ts. 5:21).

Habiendo estado involucrado en el manejo de crisis en numerosas iglesias y sus líderes, lamentablemente he tenido que observar que la mayoría son demasiado faltos de discernimiento para siquiera saber que les falta discernimiento. La luz que hay en ellos es oscuridad. No logran ver cómo la tradición, el error, la experiencia y la emoción han remplazado la cuidadosa exposición exegética de la Palabra que Dios usa para santificar a su pueblo (Jn. 17:17; 2 Ti. 4:4-5). Tratar de explicar estas cosas puede ser como presentarle la gloria del evangelio a un escarabajo estercolero. Gran parte del evangelicalismo contemporáneo se trata meramente de «niños, sacudidos por las olas y llevados de aquí para allá por todo viento de doctrina, por la astucia de los hombres, por las artimañas engañosas del error» (Ef. 4:14).

Esto lo vemos, por ejemplo, en el constante flujo de libros éxito de ventas con los que he tenido que lidiar en el transcurso de mi ministerio; tristemente, algunos son seductoras aberraciones del verdadero evangelio (Gá. 3:1) y de *Sola Scriptura*.

Si todo esto se combina con el pueblo *divisivo y faccioso* que Dios permite que exista en cada iglesia «a fin de que se manifiesten entre ustedes los que son aprobados» (1 Co. 11:19), se puede ver lo desafiante que es realmente el ministerio pastoral.

LA FUENTE Y EL PROPÓSITO DE NUESTRO SUFRIMIENTO

Si bien «los sufrimientos de Cristo son nuestros en abundancia» (2 Co. 1:5), podemos hallar alivio cuando contemplamos la divina fuente y el propósito de nuestros sufrimientos, y esto también contribuye a una respuesta apropiada.

Técnicamente, esta materia pertenece a los esfuerzos de la *teodicea:* la vindicación de la bondad y la providencia divinas en vista de la existencia del mal. Es bastante común que las personas intenten *atacar* o *rescatar* el carácter de Dios, que permitió que el mal entrara en su creación perfecta por razones que Él nunca revela plenamente. En efecto, Dios no hace ningún intento de justificar sus acciones; no está sujeto a ningún tribunal humano. Por este motivo, nuestros mejores esfuerzos por justificarlo en este respecto son lastimosamente inadecuados. Sin embargo, las Escrituras sí proporcionan algunas categorías generales de pensamiento que nos otorgan una comprensión básica.

Dicho sencillamente: Dios ha dejado claro en su Palabra que Él es *soberano* y *omnisciente.*

Por lo tanto, no hay nada en nuestra vida que Él no haya ordenado permitir o no entienda plenamente, incluido nuestro sufrimiento. Sus propósitos santificadores siempre están operando. Por este motivo, Pablo nos exhorta a gloriarnos «en las tribulaciones» (Ro. 5:3), no meramente alegrarnos a pesar de ellas o resignarnos a ellas y, de algún modo, elegir ser felices; ni siquiera alegrarnos en medio de ellas, si bien eso es importante. Lo que él está diciendo es que debemos gloriarnos *a causa* de nuestras tribulaciones, ¡*por razón* de ellas! Y prosigue para decirnos el porqué: «sabiendo que la tribulación produce paciencia; y la paciencia, carácter probado; y el carácter probado, esperanza. Y la esperanza no desilusiona, porque el amor de Dios ha sido derramado en nuestros corazones por medio del Espíritu Santo que nos fue dado» (Ro. 5:3-5). Obviamente, él entendía que Dios ordena nuestras aflicciones por nuestro bien y para su gloria.

En el fuego de la aflicción, lo único que perdemos es nuestra escoria. Si permanecemos fieles a su Palabra, podemos tener la confianza para decir con Job: «Cuando me haya probado, saldré como el oro» (Job 23:10). La fe *debe* ser probada en el fuego (1 P. 1:7). Una fe sin probar es una fe sospechosa. Un compromiso no probado no es un compromiso confiable.

LA SOBERANÍA Y LA OMNISCIENCIA DE DIOS EN EL SUFRIMIENTO

Como pastor, es reconfortante saber que Dios está plenamente a cargo de todo lo que sucede. Nada toma a Dios por sorpresa, incluido nuestro sufrimiento.

Con respecto a su *soberanía,* debemos recordar que Él es quien declara «el fin desde el principio, y desde la antigüedad lo que no ha sido hecho. [Él dice]: "Mi propósito será establecido, y todo lo que quiero realizaré"» (Is. 46:10). No hay nada que un ser humano pueda hacer para escapar de su influencia: «La mente del hombre planea su camino, pero el SEÑOR dirige sus pasos» (Pr. 16:9; cp. Jer. 10:23). Daniel describió a Dios como Aquel que «actúa conforme a Su voluntad en el ejército del cielo y entre los habitantes de la tierra. Nadie puede detener Su mano, ni decirle: "¿Qué has hecho?"» (Dn. 4:35; cp. Sal. 135:6). En estos y muchos otros versículos, Dios no deja lugar a dudas de que Él reina en soberanía absoluta sobre su creación como Aquel que «obra todas las cosas conforme al consejo de Su voluntad» (Ef. 1:11). ¡Qué verdad más reconfortante!

Con respecto a su *omnisciencia,* «el SEÑOR mira desde los cielos; Él ve a todos los hijos de los hombres. Desde el lugar de su morada, Él observa a todos los habitantes de la tierra; Él es el que modela el corazón de cada uno de ellos; Él es el que entiende todas las obras de ellos» (Sal. 33:13-15). Con absoluto asombro, David describió cómo Dios conocía los más ínfimos detalles de su vida (Sal. 139:1-6). En el Salmo 147, el Señor es alabado como el que sana al quebrantado de corazón; el que «cuenta el número de las estrellas, y a todas ellas les pone nombre. Grande es nuestro Señor, y muy poderoso; Su entendimiento es infinito» (vv. 4-5).

No hay nada que una persona pueda pensar o hacer que escape de su mirada, «pues los caminos del hombre están delante de los ojos del Señor, y Él observa todos sus senderos» (Pr. 5:21). En efecto, «en todo lugar están los ojos del Señor, observando a los malos y a los buenos» (Pr. 15:3). «Su entendimiento es inescrutable» (Is. 40:28); «No hay cosa creada oculta a Su vista, sino que todas las cosas están al descubierto y desnudas ante los ojos de Aquel a quien tenemos que dar cuenta» (He. 4:13); «Él sabe todas las cosas» (1 Jn. 3:20).

LA GLORIA DE DIOS EN EL SUFRIMIENTO

A través de las edades, los santos han hallado gran consuelo en saber que, cualquiera que sea el sufrimiento, Dios no solo está íntimamente consciente de este, sino que, además, en última instancia, Él es la *fuente* del sufrimiento, aun cuando sea el resultado del mal. Vemos que, desde el principio, *Dios determinó permitir que el mal entrara en su universo perfecto por medio de las elecciones voluntarias de criaturas morales, con el fin de manifestar de manera dramática su gloria por medio de su santidad, ira, misericordia, gracia, amor y poder* (Ro. 9). Aunque esto es verdad, es una suprema blasfemia considerar a Dios como el autor o la causa del pecado. Puesto que Dios es infinitamente santo (Lv. 11:44-45), absolutamente desprovisto de cualquier forma de injusticia (Dt. 32:4; Sal. 92:15), no puede actuar con maldad (Job 34:10). Habacuc dijo acerca del Señor: «Muy limpios son Tus ojos para mirar el mal, y no puedes contemplar la opresión» (Hab. 1:13). Él no puede ser tentado por el mal ni solicitarle a nadie que haga el mal (Stg. 1:13).

Si bien nuestro Dios santo nunca es la causa del pecado, Él efectivamente supervisa las operaciones de este mediante las acciones volitivas, voluntarias, de criaturas morales. Esto es evidente en el testimonio que Dios da de sí mismo cuando dijo: «Yo soy el que forma la luz y crea las tinieblas, el que causa bienestar y crea calamidades, Yo, el Señor, es el que hace todo esto» (Is. 45:7). Esto incluiría no solo la malvada propensión de Satanás y los seres angelicales, sino también el decreto real de que ellos finalmente se rebelarían.

Juan también nos dice que «el diablo ha pecado desde el principio», refiriéndose a la primera vez que se rebeló contra Dios. Pero continúa diciendo: «El Hijo de Dios se manifestó con este propósito:

para destruir las obras del diablo» (1 Jn. 3:8). Esto indica que incluso las diabólicas obras de Satanás tuvieron que ser divinamente determinadas, porque Cristo fue «entregado por el plan predeterminado y el previo conocimiento de Dios» (Hch. 2:23). La rebelión original de Satanás contra Dios, su tentación a Eva en el huerto, su tentación a Cristo, su futuro empoderamiento al anticristo, su notoria oposición a la obra de Dios, todo ello tuvo que ser sabido por un Dios omnisciente que también lo determinó por su voluntad no influenciada. Afirmar lo contrario sería negar su derecho y pretensión a la soberanía, y haría que estos textos carecieran de relevancia.

Por lo tanto, podemos concluir que los eternos propósitos electivos de Dios fueron decretados y puestos en marcha antes de la creación. Esto incluiría la encarnación y la obra expiatoria del Señor que derrotó a Satanás, el pecado y la muerte. Aquí vemos otra vez que *Él determinó permitir que el mal entrara en su universo perfecto mediante las elecciones voluntarias de las criaturas morales, con el fin de manifestar de forma dramática su gloria por medio de su santidad, ira, misericordia, gracia, amor y poder.* En efecto, todos sus propósitos electivos fueron ordenados «desde la eternidad» (2 Ti. 1:9; Tit. 1:2), literalmente, «antes que comenzara el tiempo», lo cual, por implicación, incluiría su decreto divino de que Satanás se rebelara, Adán y Eva pecaran, y por imputación, todos los hombres pecaran en Adán. Esto requirió con ello que el «Cordero [fuera] inmolado desde el principio del mundo» (Ap. 13:8, RVC).

CÓMO LO ENTENDIERON LOS SANTOS DEL ANTIGUO TESTAMENTO

Que Dios haya dado lugar al mal para conseguir sus propósitos gloriosos —incluidos los males que experimentamos como pastores y líderes de la Iglesia— es algo que su pueblo del pacto en el Antiguo Testamento entendió bien. Esto lo vemos en el arrepentimiento de ellos cuando, con suma contrición, clamaron a Dios diciendo: «¿Por qué, oh SEÑOR, nos haces desviar de Tus caminos y endureces nuestro corazón a Tu temor?» (Is. 63:17; cp. 45:6-7). Asimismo, el profeta Jeremías se lamentaba: «¿No salen de la boca del Altísimo tanto el mal como el bien?» (Lm. 3:38). Salomón nos recuerda que «todas las cosas hechas por el SEÑOR tienen su propio fin, hasta el impío, para el día del mal» (Pr. 16:4). Ana alabó la soberanía de Dios —aun sobre el mal— cuando oró: «El SEÑOR da muerte y da vida; hace bajar al Seol y hace subir. El SEÑOR empobrece y enriquece; humilla y también exalta» (1 S. 2:6-7).

Jeremías entendió que incluso en el juicio de Dios a Judá aún se podía apreciar su gracia, misericordia y compasión, «porque Él no castiga por gusto ni aflige a los hijos de los hombres» (Lm. 3:33). No obstante, Dios es la fuente última de ello; por eso Jeremías preguntó retóricamente: «¿Quién es aquel que habla y así sucede, a menos que el Señor lo haya ordenado? ¿No salen de la boca del Altísimo tanto el mal como el bien?» (vv. 37-38). El profeta Amós también declaró: «Si sucede una calamidad en la ciudad, ¿no la ha causado el SEÑOR?» (Am. 3:6).

Nunca sabemos con certeza qué puede estar preparando Dios cuando el sufrimiento como consecuencia del mal nos aflige de un modo doloroso e inesperado. Nunca podemos conocer la voluntad secreta de Dios (Dt. 29:29); solo podemos someternos a esta, confiados en que proviene de la mano de un Padre amoroso. Tenemos pruebas porque las necesitamos, y no recibimos más de las que necesitamos. Estoy seguro de que José estaba confundido cuando sus hermanos lo capturaron y lo vendieron como esclavo, un gran ejemplo de la providencia de Dios, que orquesta el mal por medio de las elecciones de individuos pecadores.

De modo similar, cuando Israel conquistó al extremadamente malvado pueblo de Canaán, en Josué 11 leemos: «Por mucho tiempo Josué estuvo en guerra con todos estos reyes… *Porque fue la intención del SEÑOR endurecer el corazón de ellos,* para que se enfrentaran en batalla con Israel, a fin de que fueran destruidos por completo, sin que tuviera piedad de ellos y los exterminara, tal como el SEÑOR había ordenado a Moisés» (vv. 18-20, cursivas añadidas).

El gobierno soberano de Dios sobre los asuntos de hombres y mujeres, que da lugar indirectamente al pecado por las elecciones de ellos, también es evidente en el relato del éxodo cuando «el SEÑOR dijo a Moisés: "Cuando vuelvas a Egipto, mira que hagas delante de

Faraón todas las maravillas que he puesto en tu mano. Pero Yo endureceré su corazón de modo que no dejará ir al pueblo"» (Éx. 4:21). Posteriormente, Dios le dijo a Moisés: «Pero Yo endureceré el corazón de Faraón para multiplicar Mis señales y Mis prodigios en la tierra de Egipto» (7:3; cp. 9:16; 14:17).

Cuando Dios juzgó a David por su pecado, también dio lugar al mal por medio de las acciones voluntarias de la familia de David. Allí vemos que Dios usa el pecado para castigar el pecado. Acerca de esto leemos en 2 Samuel: «Así dice el Señor: "Por eso, de tu misma casa levantaré el mal contra ti; y aun tomaré tus mujeres delante de tus ojos y las daré a tu compañero, y este se acostará con tus mujeres a plena luz del día. En verdad, tú lo hiciste en secreto, pero Yo haré esto delante de todo Israel y a plena luz del sol"» (12:11-12). Esto se cumplió más tarde durante la rebelión de Absalón, cuando violó públicamente a las concubinas reales como un acto de total dominación (16:21-22).

Dios también levantó a los malvados caldeos para castigar a Israel, pero luego castigó a los caldeos por lo que habían hecho (Hab. 1:6-11). Aunque a nuestra mente caída y finita la providencia de Dios puede parecerle impulsiva, cruel e incluso injusta, no obstante, este tema se repite una y otra vez en el Antiguo Testamento. *Si bien Dios nunca actúa directamente con maldad, ni se complace en el mal, Él lo lleva a cabo por medio de individuos que ejercen su propia voluntad y, por tanto, son responsables de sus actos.* Esto es evidente en 2 Samuel 24:1, donde leemos que «la ira del Señor se encendió contra Israel, y provocó a David contra ellos y dijo: "Ve, haz un censo de Israel y de Judá"». Más tarde, después que se había hecho el censo, David confesó que lo que Dios lo había incitado a hacer era pecado (v. 10). Es fascinante observar que, aunque el Señor incitó a David a pecar (usando a Satanás para lograr sus propósitos; ver 1 Cr. 21:1), claramente se le atribuyó a David la responsabilidad por sus acciones.

EL SOBERANO DECRETO DE DIOS SOBRE EL SUFRIMIENTO DE CRISTO

El ejemplo más sorprendente de todos se puede observar en la providencial actuación de Dios en la vida de hombres malvados que, por el soberano decreto divino, eligieron de manera independiente, por su propia libre voluntad, actuar con maldad participando en la crucifixión del Señor Jesucristo. Nada de esto tomó a Dios por sorpresa ni las elecciones de ellos transgredieron su soberana voluntad. Esto se hizo evidente en la oración de Pedro y Juan cuando declararon: «Porque en verdad, en esta ciudad se unieron tanto Herodes como Poncio Pilato, junto con los gentiles y los pueblos de Israel, contra Tu santo Siervo Jesús, a quien Tú ungiste, *para hacer cuanto Tu mano y Tu propósito habían predestinado que sucediera*» (Hch. 4:27-28, cursivas añadidas).

Todo cristiano haría bien en recordar que la ira de juicio del Padre contra el pecado fue derramada sobre su Hijo y nuestro sustituto, Jesucristo. A pesar de la responsabilidad de los hombres malvados que gritaron que Jesús fuera crucificado, Pedro dejó claro que Dios determinó su homicidio, cuando dijo: «Este fue entregado por el *plan predeterminado* y el *previo conocimiento de Dios,* y ustedes lo clavaron en una cruz por manos de impíos y lo mataron» (Hch. 2:23, cursivas añadidas).

¡Qué asombroso concepto! *Jesús eligió voluntariamente sufrir y morir en una cruz, porque Dios determinó que lo hiciera.* Él fue entregado por el «plan predeterminado». La palabra «predeterminado» es el término griego *horizo,* «señalar un límite de antemano», de donde procede nuestra palabra «horizonte». La palabra «plan» traduce el griego *boulé,* usado en las Escrituras para describir la voluntad de propósito de Dios; aquello que Él ha determinado, ordenado o decretado en la eternidad pasada. A veces esto se denomina su voluntad decretada o soberana. Por lo tanto, Pedro dice literalmente que *nuestro Dios soberano decretó que Jesús muriera en la cruz; este era su plan predeterminado.*

Además, él atribuye su muerte sacrificial al «previo conocimiento de Dios». La frase «previo conocimiento» equivale a la palabra griega *prógnosis,* que significa «preordinar», un significado que supera por mucho el concepto en español de meramente saber algo por adelantado. Por otra parte, en cuanto a gramática, dado que el término en griego está en el caso dativo instrumental, se debe entender que Pedro, de hecho, está diciendo: «El conocimiento previo (preordinación) de Dios fue *la única causa o el medio por el cual* los hombres lo clavaron a una cruz».

En palabras simples, *Jesús hizo exactamente lo que Dios le ordenó que hiciera; no obstante, aquellos que pidieron su muerte y lo colgaron del madero fueron responsables de su homicidio.* Aquí vemos nuevamente no solo la misteriosa convergencia y compatibilidad de la soberanía de Dios y la responsabilidad del hombre, sino también que Dios determina deliberadamente que el mal exista como parte de su plan y propósito de glorificarse, en el mayor acto de maldad de toda la historia: el asesinato de Jesucristo.

En las Escrituras vemos una y otra vez a un Dios soberano que orquesta su universo mediante el uso tanto del bien como del mal, un concepto perfectamente condensado en el título de uno de los capítulos de la obra clásica de Juan Calvino, *Institución de la religión cristiana,* que afirma: *Dios no deja de ser santo al servirse de los malvados para llevar a cabo su voluntad.*[4]

Sin embargo, también debemos entender que la bondad y la justicia de Dios permanecen intachables en todo lo que Él hace. Moisés dijo: «¡La Roca! Su obra es perfecta, porque todos Sus caminos son justos; Dios de fidelidad y sin injusticia, justo y recto es Él» (Dt. 32:4). Él es el Dios tres veces santo alabado por los serafines (Is. 6:3); la santidad es el atributo integrador de Dios que describe su gloria oculta, su infinita alteridad, su trascendencia incomprensible, su perfección consumada y su pureza moral. Por este motivo, el apóstol Juan dice: «Dios es Luz, y en Él no hay ninguna tiniebla» (1 Jn. 1:5).

A pesar de la inevitable tristeza y el sufrimiento de la vida, nos consuela saber que «las misericordias del SEÑOR jamás terminan, pues nunca fallan Sus bondades; son nuevas cada mañana; ¡grande es Tu fidelidad!» (Lm. 3:22-23).

LOS SUFRIMIENTOS DEL APÓSTOL PABLO

La vida y el ministerio del apóstol Pablo como plantador de iglesias pionero nos proveen un notable ejemplo del alto costo del discipulado que Jesús describió cuando dijo: «Un discípulo no está por

4. Juan Calvino, *Institución de la religión cristiana* (Grand Rapids: Libros Desafío, 2012), Libro I, cap. XVIII.

encima del maestro, ni un siervo por encima de su señor» (Mt. 10:24). Él entendía que existía para servir a Cristo. Sabía que había sido llamado por Dios para llevar el evangelio a los gentiles (Hch. 22:21) y estaba comprometido con ese fin, aunque le costara la vida. Por este motivo, podía decir con serena convicción: «Para mí, el vivir es Cristo y el morir es ganancia» (Fil. 1:21). Considera el resumen general de sus sufrimientos por el evangelio registrados en 2 Corintios 11:23-33.

A pesar de todo esto, Pablo se mantuvo firme en su dedicación a Cristo y contento con su sufrimiento. Mientras estaba en una prisión romana, les dijo a los santos en Filipos: «No que hable porque tenga escasez, pues he aprendido a contentarme cualquiera que sea mi situación. Sé vivir en pobreza, y sé vivir en prosperidad. En todo y por todo he aprendido el secreto tanto de estar saciado como de tener hambre, de tener abundancia como de sufrir necesidad. Todo lo puedo en Cristo que me fortalece» (Fil. 4:11-13).

Mientras estaba en la misma cárcel donde también escribió Efesios, Colosenses y Filemón, el Espíritu Santo lo inspiró a revelar algunas verdades muy importantes que nos pueden ayudar a estar contentos con nuestro sufrimiento. Presento tres de estas para ser consideradas.

1. *El sufrimiento es un don por gracia de Dios para ayudarnos a conocerlo y a experimentar su presencia percibida y su poder en nuestra vida.*

Pocas personas entienden que las inevitables dificultades asociadas con el ministerio son, en última instancia, una expresión de la gracia de Dios en nuestra vida; que Dios siempre pretende algo especial en nosotros; y que hay otros que observan y aprenden.

Por esta razón, Pablo escribe: «Porque a ustedes se les ha *concedido* por amor de Cristo, no solo creer en Él, sino también sufrir por Él» (Fil. 1:29, cursivas añadidas). El verbo griego que se traduce como «concedido» proviene del sustantivo para *gracia*. Pablo está diciendo que Dios concede el sufrimiento como un favor de gracia. Cuando entendemos que el sufrimiento es un don de gracia «por causa de Cristo», es decir, en su lugar, de pronto adquiere una dimensión totalmente nueva. Es bienvenido más que detestado. Es la inevitable consecuencia de «creer en Él» y la senda divina hacia el verdadero conocimiento del Dios vivo, un concepto que la mayoría de los cristianos profesos no logra comprender.

Esta era la perspectiva y el gran deseo de Pablo. Lo vemos en su celebrado testimonio:

> Yo estimo como pérdida todas las cosas en vista del incomparable valor de conocer a Cristo Jesús, mi Señor. Por Él lo he perdido todo, y lo considero como basura a fin de ganar a Cristo, y ser hallado en Él, no teniendo mi propia justicia derivada de la ley, sino la que es por la fe en Cristo, la justicia que procede de Dios sobre la base de la fe, y conocerlo a Él, el poder de Su resurrección y la participación en Sus padecimientos, llegando a ser como Él en Su muerte, a fin de llegar a la resurrección de entre los muertos (Fil. 3:8-11).

Cuando estas mismas convicciones sean una genuina expresión de nuestro corazón, nos gozaremos en cada crisol de la gracia. Sabremos que el sufrimiento ha sido «*concedido* por amor de Cristo», para que podamos tener un atisbo de su gloria desde otro ángulo y perseveremos con amor celebratorio y con fe en Aquel que sufrió en nuestro lugar y en cuya gloria participaremos un día.

2. El sufrimiento es un privilegio concedido por la gracia para que, en nuestra muerte, la Iglesia reciba vida.

Pablo expresa esta actitud del corazón en su carta a los Colosenses mientras languidece en una prisión romana: «Ahora me alegro de mis sufrimientos por ustedes, y en mi carne, completando lo que falta de las aflicciones de Cristo, hago mi parte *por Su cuerpo, que es la iglesia*» (Col. 1:24; cursivas añadidas). Pablo nunca permitió que las circunstancias le robaran el gozo, porque sabía que Dios ordenaba sus aflicciones para demostrarle a la Iglesia el poder de Cristo para sustentarlo a él y seguir edificando su Iglesia por medio de él. Este debe haber sido un extraordinario testimonio para los primeros santos. ¡Ninguna otra cosa explicaba cómo un hombre podía seguir esforzándose con tanto gozo y vitalidad! El sufrimiento de Pablo tenía dos efectos. Por él, las personas cobraban valor por el evangelio (Fil. 1:14) o se apartaban de él cobardemente para adoptar un evangelio más acorde al espíritu de la época (2 Ti. 1:15; 4:9; 4:16).

Al soportar la persecución pretendida para Cristo, Pablo estaba «completando lo que falta de las aflicciones de Cristo». Él era el imán que atraía el interminable odio del mundo hacia Cristo, un odio que no podía descargarse plenamente en la cruz, sino que continuaría por la eternidad en las blasfemias de los condenados (Ap. 16:9-10). Al igual que Cristo, Pablo estaba feliz de soportar una medida extra de sufrimiento como un sustituto voluntario por el bien de la Iglesia, quizá incluso ahorrándoles innumerables aflicciones, mientras manifestaba la gloria y el poder de Cristo.

La clase de hostilidad que experimentó de parte de falsos apóstoles engañosos (2 Co. 11:13) que ganaron influencia en la iglesia de Corinto fue especialmente brutal. Con el fin de debilitar su enseñanza, tenían que destruirlo a él personalmente, una táctica que el enemigo usará contra todo fiel siervo de Cristo. Si no puedes hacer que corrompa el mensaje, entonces desacredítalo como mensajero. Lo acusaron de ser feo y no tener habilidades oratorias (tenía escaso valor de entretenimiento): «Porque ellos dicen: "Sus cartas son severas y duras, pero la presencia física es poco impresionante, y la manera de hablar despreciable"» (2 Co. 10:10; cp. 11:6). A causa de la brutal tortura sufrida, tal vez su cuerpo estaba desfigurado (Gá. 6:17). Lo criticaban por falta de amor (2 Co. 11:7-11) y además lo calumniaban cuestionando su integridad moral, retratándolo como un engañador que distorsionaba astutamente las Escrituras del Antiguo Testamento y torcía las palabras de Jesús para acomodarlas a sus intereses. A esto él respondía:

> ...no desfallecemos, antes bien, aunque nuestro hombre exterior va decayendo, sin embargo nuestro hombre interior se renueva de día en día. Pues esta aflicción leve y pasajera nos produce un eterno peso de gloria que sobrepasa toda comparación, al no poner nuestra vista en las cosas que se ven, sino en las que no se ven. Porque las cosas que se ven son temporales, pero las que no se ven son eternas (2 Co. 4:16-18).

Cuando los pastores aceptamos nuestras aflicciones con esta perspectiva, somos capaces de trascender el dolor de nuestras circunstancias y perseverar con una fe perdurable, sabiendo que sus propósitos eternos se llevan a cabo en nosotros y por medio de nosotros. Por tanto, cuando la prueba ha pasado —y a menudo en medio de esta—, nuestra alma puede dar testimonio del gozo que la satisface al estar en comunión con el Dios vivo, en tanto que Él demuestra su poder a nuestro favor. Santiago lo resumió de este modo:

> Tengan por sumo gozo, hermanos míos, cuando se hallen en diversas pruebas, sabiendo que la prueba de su fe produce paciencia, y que la paciencia tenga su perfecto resultado, para que sean perfectos y completos, sin que nada les falte. Y si a alguno de ustedes le falta sabiduría, que se la pida a Dios, quien da a todos abundantemente y sin reproche, y le será dada... Bienaventurado el hombre que persevera bajo la prueba, porque una vez que ha sido aprobado, recibirá la corona de la vida que el Señor ha prometido a los que lo aman (Stg. 1:2-5, 12).

El énfasis está en «los que lo aman» y, por tanto, expresan ese amor perseverando en la prueba y obedeciendo (tanto como permita nuestra naturaleza caída), ejemplificando, enseñando y predicando sus mandamientos, sin simplificarlos para acomodarlos a una cultura que es hostil a ellos.

3. *El sufrimiento por Cristo, cuando se acepta voluntariamente, es un medio para experimentar el consuelo divino, con el cual podemos consolar a otros.*

Pablo enfatiza esta magnífica verdad cuando dice: «Porque así como los sufrimientos de Cristo son nuestros en abundancia, así también abunda nuestro consuelo por medio de Cristo. Pero si somos atribulados, es para el consuelo y salvación de ustedes; o si somos consolados, es para consuelo de ustedes, que obra al soportar las mismas aflicciones que nosotros también sufrimos. Y nuestra esperanza respecto de ustedes está firmemente establecida, sabiendo que como son copartícipes de los sufrimientos, así también lo son de la consolación»

(2 Co. 1:5-7). Como apóstol, Pablo enfrentó las mismas fuerzas malignas que causaron que Cristo sufriera, aun hasta la muerte. Por lo tanto, todo el que predica a Cristo crucificado experimentará diversas medidas del mismo sufrimiento, y disfrutará la consoladora realidad de no solo estar unido a Cristo de manera tan convincente, sino de deleitarse en su amor que trae paz.

Esta es una de las deficiencias de algunos pastores, especialmente los más jóvenes. Tienen poca experiencia en lo que respecta a soportar aflicciones por el testimonio de Cristo, y por tanto, los consuelos prometidos de Dios les son ajenos. Tienen poco consuelo que ofrecer a quienes padecen gran sufrimiento. Para muchos, su fe es totalmente teórica, no experiencial. Por esto, Pablo declaró que Silvano, Timoteo y él habían sido «aprobados por Dios para que se [les] confiara el evangelio» (1 Ts. 2:4). La palabra «aprobados» *(dokimázo)* describe una prueba para demostrar si algo es genuino o legítimo. Antes que a Pablo se le confiara el evangelio, Dios probó su fidelidad a este, y fue aprobado. Demasiados hombres entran al ministerio sin haber sido probados o aprobados jamás.

Sin embargo, con el tiempo, Dios, en su gracia, nos concede oportunidades para «estar firmes contra las insidias del diablo» (Ef. 6:11), insidias cuyo propósito es extenuarnos con adversidad, desilusión y temor, lo que causa que comprometamos nuestra vida y nuestro mensaje. Por ello debemos vigilar nuestro corazón con diligencia, estar alertas a las asechanzas del diablo y vestirnos con toda la armadura de Dios para ser capaces de resistir a sus artimañas. Por este motivo, Pablo luego advierte: «Con toda oración y súplica oren en todo tiempo en el Espíritu, y así, velen con toda perseverancia y súplica por todos los santos. Oren también por mí, para que me sea dada palabra al abrir mi boca, a fin de dar a conocer sin temor el misterio del evangelio, por el cual soy embajador en cadenas; que al proclamarlo hable sin temor, como debo hablar» (Ef. 6:18-20).

PALABRAS FINALES

Los antiguos sacerdotes de Israel tenían que ser hombres que entendieran lo que significaba «obrar con benignidad para con los ignorantes y extraviados» (He. 5:2). ¿Y cómo era su mayor maestro? La segunda parte del versículo nos da la respuesta: «puesto que él mismo está sujeto a flaquezas». Como pastores, debemos ser extremadamente honestos y reconocer nuestras debilidades. Si no lo hacemos, nuestro ministerio a otros nunca será eficaz. Y nada expondrá nuestras debilidades y nos dará una oportunidad para experimentar la absoluta y suficiente gracia, el poder y la comunión de Cristo, como el sufrimiento por Él. Al saber esto, Pablo se alegraba diciendo: «La gracia de Dios es suficiente, pues su poder se perfecciona en la debilidad… Por tanto, con muchísimo gusto me gloriaré más bien en mis debilidades, para que el poder de Cristo more en mí» (ver 2 Co. 12).

Todo pastor experimentado convendrá en que el poder en el ministerio es directamente proporcional al sufrimiento; cuanto mayor sea nuestra tristeza, tanto más profunda será nuestra empatía; mientras mayor sea nuestro sufrimiento, más abundante será nuestra compasión; mientras mayor sea nuestra disposición para reconocer nuestra propia debilidad, mayor será nuestra dependencia de Cristo, quien nos fortalece. El hombre inexperto recién salido el seminario, el consejero novicio recién salido del entrenamiento, el evangelista novato recién llegado al campo misionero; cada uno de ellos será de poco beneficio hasta que, por la gracia de Dios, haya agotado todos sus recursos.

Como pastores, cada vez que sufrimos somos confrontados con una profunda consciencia de nuestras propias deficiencias, y con la necesidad de depender de nuestro fiel y comprensivo Sumo Sacerdote para que nos socorra y «hallemos gracia para la ayuda oportuna» (He. 4:16). Pero ¿cómo podemos adquirir una dependencia desvalida si primero no somos dejados desvalidos? ¿Cómo podemos tener verdadera humildad si primero no somos humillados? ¿Cómo podemos negarnos a nosotros mismos y tomar nuestra cruz diariamente si no tenemos cruces diarias y causas para negarnos a nosotros mismos? ¿Cómo podemos sentir que sin Cristo nada podemos hacer, a menos que las experiencias dolorosas nos enseñen que sin Él nada podemos hacer? ¿Cómo podemos aprender a andar por fe, a aceptar una verdad e iniciar una práctica solamente sobre la autoridad y la fuerza de la Palabra de Dios, y no por vista, si primero Dios no quita todos los juncos endebles en los que intentamos apoyarnos?

Aquí encontramos contentamiento aun en la tristeza y el dolor. Nuestra confianza en Dios y la pasión por su gloria no pueden ser fabricadas. No se puede descargar una aplicación para la vida cristiana. Se debe cultivar en el individuo que está habitualmente comunicado con Dios, saturado de su Palabra y lleno del Espíritu. Solo entonces aceptará el sufrimiento *como un regalo de la gracia de Dios para ayudarle a conocerlo y experimentar su presencia y poder en su vida; un privilegio concedido por gracia para que, en su agonía, la iglesia pueda recibir vida y un medio para experimentar el consuelo divino con el que puede consolar a otros.*

Estar contentos con nuestro sufrimiento es prueba segura de que el Espíritu Santo está activo en nuestra vida: «Si ustedes son insultados por el nombre de Cristo, dichosos son, pues el Espíritu de gloria y de Dios reposa sobre ustedes» (1 P. 4:14). Y su obra santificadora dentro de nosotros anima nuestro corazón para decir con Pablo: «he aprendido a contentarme cualquiera que sea mi situación» (Fil. 4:11).

Al igual que Pablo, debemos estar *consumidos por la gloria de Dios,* el principio primordial para el ministerio eficaz. Solo entonces podemos estar *contentos con nuestro sufrimiento,* lo cual nos hará estar más *convencidos de nuestro llamado,* el tercer principio clave que analizaremos en el siguiente capítulo.

ESTOY BIEN CON MI DIOS

De paz inundada mi senda ya esté,
o cúbrala un mar de aflicción;
cualquiera que sea mi suerte, diré:
estoy bien, estoy bien, ¡gloria a Dios!

Coro:
Estoy bien con mi Dios,
Estoy bien, estoy bien, gloria a Dios.

Ya venga la prueba o me tiente Satán,
no amenguan mi fe ni mi amor;
pues Cristo comprende mis luchas, mi afán,
y su sangre obrará en mi favor.

Feliz yo me siento al saber que Jesús
librome de yugo opresor;
quitó mi pecado, clavolo en la cruz:
gloria demos al buen Salvador.

La fe tornarase feliz realidad
al irse la niebla veloz;
desciende Jesús con su gran majestad,
¡aleluya, estoy bien con mi Dios!

Letra original: Horatio G. Spafford (1828-1888)

PRINCIPIO CLAVE #3:
Convencido de su llamado

> *De esta iglesia fui hecho ministro conforme a la administración de Dios que me fue dada para beneficio de ustedes, a fin de llevar a cabo la predicación de la palabra de Dios (Col. 1:25).*

En tiempos de gran adversidad, es habitual que un pastor cuestione su *llamado*. Se hará preguntas tales como: «¿Me llamó Dios realmente al ministerio pastoral, o fui yo el que inventó todo esto? Si Dios efectivamente me llamó, ¿por qué permitiría que las cosas resultaran tan terriblemente mal? ¿Cómo puedo saber con certeza que Dios me llamó? ¿Es posible saberlo?».

¿Qué le decimos a un hombre en semejante desaliento? ¿Qué le decimos a su querida esposa, quien a menudo estará igualmente desconsolada y desilusionada? Algunas de las respuestas ya han sido abordadas en el capítulo anterior sobre el sufrimiento. Pero también debemos tratar asuntos que atañen al llamado de un hombre al ministerio pastoral. He descubierto que una de las convicciones necesarias para sostener a un pastor durante las inevitables dificultades del ministerio es una férrea certeza de que está haciendo específicamente lo que Dios lo ha llamado a hacer y para lo cual lo ha dotado. Sin esa certidumbre, la duda y el desaliento serán su ruina, y Satanás hará todo lo que esté a su alcance para incentivar esa duda y profundizar el desaliento.

Entonces, ¿cómo sabe un hombre que Dios lo ha *llamado?* ¿Dios «llama a un hombre a predicar» directamente, como muchos afirman? Si es así, ¿qué constituye tal llamado? Si no, ¿cómo puede un hombre saber, con algún grado de certeza, que está sirviendo como Dios ha ordenado específicamente? Estas son las interrogantes que abordaremos en este capítulo.

A causa de su encuentro en el camino a Damasco y la instrucción privada en el desierto por Cristo mismo (Gá. 1:11-17), el apóstol Pablo estaba absolutamente *convencido de su llamado.* Él afirmó: «De esta iglesia fui hecho ministro conforme a la administración de Dios que me fue dada para beneficio de ustedes, a fin de llevar a cabo la predicación de la palabra de Dios» (Col. 1:25). Aun cuando su propio llamado era fieramente atacado y lo acusaban de ser un falso apóstol, su convicción nunca menguó. Hubo momentos cuando pensó que había corrido en vano, pero no que correr había sido un error.

En su propio testimonio vemos el nivel de audacia que resultaba de su confianza en haber sido llamado por Dios:

> ...así como hemos sido aprobados por Dios para que se nos confiara el evangelio, así hablamos, no como agradando a los hombres, sino a Dios que examina nuestros corazones. Porque como saben, nunca fuimos a ustedes con palabras lisonjeras, ni con pretexto para sacar provecho. Dios es testigo (1 Ts. 2:4-5).

Pablo sabía, sin duda alguna, que había sido divinamente llamado a ser «administrador de Dios» (Tit. 1:7). Un llamado que suscitaba en él un nivel de humildad tan potente, que quería que los demás lo vieran a él y a sus compañeros ministros como «colaboradores» (1 Co. 3:9), «servidores de Cristo y administradores de los misterios de Dios» (4:1). Todo posible pastor debe compartir esta humilde convicción. De lo contrario, su orgullo lo hará tambalear y fallar.

DISCERNIMIENTO DEL LLAMADO DE UN HOMBRE Y EL LIDERAZGO DE LA IGLESIA

Con Pablo como ejemplo, queda clara la importancia de que cada líder de la Iglesia entienda y asuma este asunto del llamado divino al ministerio vocacional. Una de las decisiones más destructivas que puede tomar una iglesia es poner en el liderazgo a un hombre que no ha sido probado ni aprobado, cosa que, como veremos, requiere más que un título de seminario. Tengo la mente inundada de historias de iglesias que han permitido que las guíen pastores y ancianos autodesignados y no calificados, algunos durante generaciones. Muchos supuestos «pastores» de hoy no son más que empresarios que venden el evangelio, lobos que esquilan ovejas. Las iglesias lideradas por tales hombres (y mujeres en algunos casos) se llenarán de cabras que con el tiempo dominarán a las ovejas, cizaña que ahogará el trigo, incrédulos que estimarán que las cosas del Espíritu son necedad (1 Co. 2:14).

En su libro *Discursos a mis estudiantes,* el gran predicador inglés del siglo XIX, Charles Haddon Spurgeon, ofreció convincentes observaciones acerca del gran peligro de poner en el ministerio vocacional a un hombre que piensa que ha sido llamado a ese cargo, cuando en realidad no es así. Spurgeon pregunta:

> ¿Cómo puede saber un joven si ha sido llamado o no? Este es un punto de suma importancia, y deseo tratarlo con toda seriedad. ¡Quiera Dios guiarme al hacerlo! Que centenares hayan errado su camino y tropezado con un pulpito resulta desconsolador y evidente por la esterilidad de los ministerios y el decaimiento de las iglesias que nos rodean. Es una calamidad espantosa que un joven yerre su vocación; y por lo que hace a la iglesia sobre la cual se impone, su yerro significa una aflicción sumamente funesta. Sería un curioso y lamentable tema de reflexión la frecuencia con que hombres, en uso de razón, equivocan el propósito de su existencia y aspiran a objetivos que jamás se pretendió que persiguieran.[1]

Qué alentador contraste vemos en el apóstol Pablo, quien estaba absolutamente seguro de que su llamado era de Dios. Esto fue validado por el innegable poder de su vida y su mensaje, por no mencionar el fruto espiritual que él manifestaba, que solo se puede atribuir a una

1. C. H. Spurgeon, *Lectures to My Students* (Peabody, MA: Hendrickson Publishers Marketing, LLC, reimp. 1875 ed., 3.ra imp., 2012), p. 26. Publicado en español por editorial Mundo Hispano con el título *Discursos a mis estudiantes.*

rama que permanece en la «vid verdadera», que es Cristo mismo (Jn. 15:5). Sin esta convicción, los pastores operarán en la carne, no en el Espíritu, y gradualmente se marchitarán en un ministerio infructuoso. Una y otra vez, en aquellos períodos de gran tristeza y adversidad como pastor, ha sido la absoluta certeza de mi llamado lo que me ha dado valor y fortaleza para levantarme, tomar mi espada y volver a la batalla.

Otro predicador y teólogo inglés del siglo XIX, Charles Bridges, destacaba la profunda importancia de que un hombre sepa con certeza que Dios lo ha llamado a emprender tan intimidante labor:

> Trabajar en la oscuridad, sin una comisión cierta, ensombrece grandemente la garantía de la fe en las labores divinas; y el ministro, incapaz de hacerse del auxilio divino, siente que sus manos decaen y sus pies flaquean en su labor. Por otra parte, la confianza de que está actuando en obediencia al llamado de Dios —que está en su obra y en su camino— lo alienta en medio de toda dificultad y bajo la consciencia de sus responsabilidades, con fortaleza todopoderosa.[2]

Todo hombre que dice servir a Cristo de este modo debe poder decir con Pablo: «Hemos sido aprobados por Dios para que se nos confiara el evangelio» (1 Ts. 2:4). Armado de tal confianza potenciada por el Espíritu, estará listo para la batalla.

PRUEBAS DEL LLAMADO DIVINO AL MINISTERIO VOCACIONAL

Pero ¿cómo puede un hombre tener la confianza de que Dios lo ha llamado específicamente a ser pastor? Dicho de otro modo, ¿cuáles son las pruebas de tal llamado divino, si las hay? Quiero sugerir humildemente cinco categorías que surgen de las Escrituras y pueden ser afirmadas por la experiencia personal de todo pastor fiel. Él debe poseer lo siguiente:

2. Charles Bridges, *The Christian Ministry* (Londres: The Banner of Truth Trust, 1967, reimp. 1830 ed.), p. 101.

1. Un anhelo de conocer y servir a Cristo;
2. Un sentido de urgencia de predicar el evangelio;
3. Un persistente sentimiento de inhabilidad;
4. Una carga por pastorear el rebaño;
5. Una confirmación pública de dones espirituales, carácter y habilidades.

Te invito a examinar conmigo estas categorías más detenidamente.

Prueba #1: Un anhelo de conocer y servir a Cristo

Martyn Lloyd-Jones dijo una vez: «Si una persona no ama las verdades fundamentales ni desea conocerlas más, no tiene derecho a ser considerado cristiano».[3] El hombre que no tiene un anhelo de conocer más a Cristo y dar su vida en servicio a Él, ciertamente, no es apto para ser su supervisor elegido y no ha sido llamado a serlo. Para muchos hombres ese deseo está ahí, pero es demasiado débil para soportar la travesía del ministerio pastoral. La actitud apropiada que se recomienda para un llamado como este se señala en la introducción de Pablo a las calificaciones necesarias para el cargo. Él dice: «Si alguien aspira al cargo de obispo, buena obra desea hacer». El verbo que se traduce como «aspira» *(orégomai)* significa literalmente «estirarse» o «extender la mano». Figurativamente, significa «aspirar, esforzarse por o desear algo».[4] Quizá la ilustración más vívida es la de un atleta que esfuerza cada fibra muscular de su cuerpo para estirarse cuando se acerca a la meta.

El segundo verbo, traducido como «desea» *(epithuméo)*, significa «anhelar» y es comparable con la expresión «poner el corazón en».[5] Así que Pablo está diciendo que cualquier hombre que se esfuerza con todo su ser por servir a Cristo como uno de sus pastores subor-

---

3. Iain H. Murray, *The Life of D. Martyn Lloyd-Jones*, vol. 2 (Edimburgo, The Banner of Truth Trust, reimp. 2014), p. 429.

4. W. F. Arndt y F. W. Gingrich (trad. y ed.) de W. Bauer, *A Greek-English Lexicon of the New Testament and Other Early Christian Literature* (Chicago, IL: University of Chicago Press, 4ta ed., 1952), p. 583.

5. George W. Knight, *The Pastoral Epistles: A Commentary on the Greek Text* (Grand Rapids, MI; Carlisle, Inglaterra: William B. Eerdmans; Paternoster Press, 1992), p. 154.

dinados, lo hace porque tiene un anhelo interior de trabajar en esa capacidad. Esta clase de aspiración tiene su fuente en la obra que el Espíritu hace en el corazón de un hombre; es un llamado y una dotación sobrenaturales impulsados por el anhelo de un hombre de conocer y servir a Cristo. Claramente, no es el *cargo* lo que busca, sino el *servicio;* una oportunidad de trabajar por el Maestro al que adora con amor y procura conocer más plenamente. Si el deseo es sincero, Dios acepta el deseo por la obra y bendice según la fidelidad. Este es un gran incentivo para aquellos cuya labor pareciera que es hecha en vano, en un ministerio aparentemente infructuoso.

Qué hipocresía que un hombre afirme ser un pastor subordinado al Gran Pastor cuando no ansía experimentar más de su infinita gloria, grandeza y poder. ¿Qué hombre puede hablar con precisión sobre las inescrutables riquezas de Cristo, cuando él mismo no tiene una devoción privada hacia Él ni comunión íntima con Él? ¿Qué rama puede dar fruto de semejanza a Cristo si tiene escaso deseo de permanecer en la Vid, que es Cristo mismo? Sin embargo, esto es lo que Él ha mandado. ¿No ha dicho Él: «porque separados de Mí nada pueden hacer» (Jn. 15:5)? ¿Cómo puede un hombre orar en armonía con la voluntad de Dios si el Señor es un extraño para él y la Palabra de Dios no corre por sus venas? Ningún hombre puede saturarse de la Palabra de Cristo sin un apasionado anhelo de permanecer continuamente en su presencia; solo entonces pueden pedir «lo que quieran y [les] será hecho» (v. 7).

Solo cuando un hombre tiene un deseo insaciable de conocer más a Cristo, experimenta el gozo de su presencia que satisface en lo profundo del alma. Solo entonces será un vaso apto para el uso del Maestro. Si esto está ausente en un hombre que considera el ministerio pastoral, ha fallado en la primera e importantísima prueba. Primero debería hacer un examen cabal y brutalmente honesto de su corazón para ver si en verdad es cristiano.

En este respecto, haríamos bien en aprender de los puritanos. Richard Baxter, el noble pastor puritano del siglo XVII en Kidderminster, Inglaterra, resume este asunto con gran percepción y convicción:

> ¡Ay! Es un peligro y una calamidad común de la iglesia tener pastores no regenerados e inexpertos, y permitir que tantos hombres

> lleguen a ser pastores antes de ser cristianos. Ellos son santificados mediante la dedicación al altar como sacerdotes de Dios, antes de ser santificados mediante la dedicación del corazón como discípulos de Cristo. Y, por tanto, adoran a un Dios desconocido, predican a un Cristo desconocido, oran mediante un Espíritu desconocido, y recomiendan un estado de santidad y comunión con Dios y una gloria y felicidad totalmente desconocidas, que tal vez desconozcan por siempre. Es posible que sea un pastor descorazonado, que no posee en su corazón a Cristo y la gracia que predica. ¡Que todos nuestros alumnos en nuestras universidades consideren bien esto! ¡Qué pobre empleo es para ellos ocupar su tiempo en adquirir un poco de conocimiento de las obras de Dios, y de algunos de aquellos nombres que los divididos idiomas de las naciones les han impuesto, y no conocer a Dios mismo, ni exaltarlo en sus corazones, ni estar familiarizados con la única obra renovadora que debería hacerlos felices! No hacen más que «pasar como una sombra». Se pasan la vida como soñadores, mientras afanan su ingenio y su lengua con abundancia de nombres y nociones, y son ajenos a Dios y la vida de los santos. Si alguna vez Dios los despierta por su gracia salvadora, tendrán pensamientos y ocupaciones más serios que sus profanos estudios y disputas, y confesarán que antes obraron sin conocimiento. Ponen todo su empeño en nada, mientras que son deliberadamente ajenos al Ser primigenio, independiente y necesario, quien es todo en todos. Nada se puede conocer correctamente si no se conoce a Dios; ni se conduce adecuadamente ningún estudio, ni para ningún gran propósito, si no se estudia a Dios. Poco conocemos a la criatura, mientras no la conozcamos en su situación respecto al Creador.[6]

Insisto, un hombre puede estar plenamente seguro de que está verdaderamente regenerado y, no obstante, no tener *un anhelo de conocer y experimentar a Cristo.* Si es así, está equivocado y engañado, y nunca

6. Richard Baxter, *The Reformed Pastor* (Edimburgo: The Banner of Truth Trust, reimp. 2005), p. 56. Publicado en español por la misma editorial con el título *El pastor renovado.*

ha sido hecho una nueva criatura en Cristo. Aquellos que realmente han probado la bondad de Dios anhelarán la leche pura de la Palabra. Si no hay hambre espiritual, no hay vida espiritual.

Sin embargo, hay hombres que verdaderamente conocen a Cristo, pero se hallan tan distraídos con los asuntos de la vida, y tal vez agobiados por pecados asediantes, que su deseo de conocerlo y experimentarlo ha menguado inmensamente. Pablo le advirtió a Timoteo de este peligro cuando le dijo: «El soldado en servicio activo no se enreda en los negocios de la vida diaria, a fin de poder agradar al que lo reclutó como soldado» (2 Ti. 2:4). Si, tras un solemne examen del alma, este resulta ser el caso, tal hombre no debe continuar en la senda del ministerio vocacional. No está calificado ni capacitado para semejante viaje y, al final, se derrumbará extenuado en el camino.

Los santos del Antiguo Testamento solían hablar de un goce interior de Dios que motivaba su reverente alabanza, adoración y servicio a Él en el corazón y en la vida. Esto lo vemos en la referencia de David a «Dios, [su] supremo gozo» (Sal. 43:4), y también cuando el salmista declara con gran pasión: «Prueben y vean que el Señor es bueno. ¡Cuán bienaventurado es el hombre que en Él se refugia!» (Sal. 34:8). Un hombre que considera el ministerio pastoral debe preguntarse:

- ¿Pienso a menudo en el amor de Cristo y su gracia electiva en mi vida?
- Su bondad hacia mí, ¿inunda mi alma de gozo inexpresable y anima mi corazón para buscar más de Él?
- ¿Produce su amor por mí un solemne sentido de estar en deuda, que me motiva a dar mi vida misma por Él?

A menos que un ministro posea esta clase de absorta adoración a Cristo, no es apto para ser su embajador ni lo ha llamado Dios a serlo.

El anhelo del apóstol Pablo de una creciente medida de comunión íntima con Cristo salta desde cada página que escribió. Lo vemos, por ejemplo, en sus emotivas palabras a los filipenses: «Estimo como pérdida todas las cosas en vista del incomparable valor de conocer a Cristo Jesús, mi Señor. Por Él lo he perdido todo, y lo considero como basura a fin de ganar a Cristo» (Fil. 3:8).

La gran tragedia entre muchos jóvenes que entran en el ministerio es que están más entusiasmados por el *cargo* que por *Cristo*. Disfrutan poco «el amor de Dios» que «ha sido derramado en nuestros corazones por medio del Espíritu Santo que nos fue dado» (Ro. 5:5). Por causa de esto, innumerables ministros se han marchitado gradualmente hasta ser infructuosos. El diablo los convence de que están bien con Dios, validados por todas las actividades religiosas que realizan y el aplauso que reciben. Pero en realidad, han dejado de cultivar el jardín de su alma mediante la comunión íntima con Cristo. Simplemente, no es una prioridad de su corazón.

En su conmovedor libro *The Thought of God*, el pastor escocés Maurice Roberts ofreció las siguientes apreciaciones acerca de este asunto de conocer y experimentar a «Cristo, el que ama nuestra alma»:

> El éxtasis y el deleite son esenciales para el alma del creyente y promueven la santificación. No fuimos hechos para vivir sin júbilo espiritual, y el cristiano que pasa un largo tiempo sin la experiencia de un corazón encendido pronto se verá tentado a satisfacer sus emociones en cosas terrenales y no en el Espíritu de Dios, como debe hacerlo. El alma está constituida de tal manera que ansía la realización a partir de cosas fuera de sí misma, y aceptará goces terrenales para satisfacerse cuando no pueda alcanzar los espirituales. No por nada Satanás atrajo a Eva a ver que el fruto prohibido crecía en un árbol que era «apetecible a los ojos» y «deseable». El creyente está en peligro espiritual si se permite pasar algún período sin probar el amor de Cristo ni saborear los consuelos sentidos en la presencia del Salvador. Cuando Cristo deja de llenar el corazón de satisfacción, nuestra alma va silenciosamente en busca de otros amantes.[7]

El apóstol Pablo entendió y experimentó el gozo de un *Cristo percibido* que llena el alma de júbilo. Esto es lo que lo guiaba a un fiel servicio y a la obediencia. Sabía de primera mano cómo es disfrutar

7. Maurice Roberts, *The Thought of God* (Carlisle, PA: The Banner of Truth Trust, reimp. 2013), p. 57.

la presencia divina de Cristo. Por este motivo, podía decir: «Para mí, el vivir es Cristo y el morir es ganancia» (Fil. 1:21).

Todo hombre que considere el ministerio vocacional debe ser extremadamente honesto y preguntarse: «¿Puedo decir con David: "Como el ciervo anhela las corrientes de agua, así suspira por Ti, oh Dios, el alma mía. Mi alma tiene sed de Dios, del Dios viviente" (Sal. 42:1-2)?». Si la respuesta es *no,* entonces no se da cuenta de la pobreza que hay en su interior y de que solo el Señor puede suplirla. En consecuencia, queda vulnerable al pecado personal y el fracaso ministerial.

He aconsejado a muchos pastores deshechos y extenuados que tuvieron que admitir que, aunque habían permanecido ortodoxos en la doctrina y la práctica, su amor por Cristo se había enfriado. Eran como la iglesia de Éfeso, de la que el Señor dijo: «Pero tengo esto contra ti: que has dejado tu primer amor» (Ap. 2:4). Lo único peor que un pastor que abandone su ferviente amor por Cristo, aunque inadvertidamente, es un hombre que haya entrado al ministerio sin haberlo tenido jamás. Tal hombre puede ser una biblioteca andante de conocimiento bíblico, un verdadero tesoro de agudeza teológica y un Spurgeon en el púlpito, pero si no anhela a Cristo en secreta piedad, *no es nada.* Quizá John Owen es quien mejor lo expresó: «Lo que un ministro es de rodillas en secreto delante del Dios Todopoderoso, eso es y nada más».[8]

A la luz de estas consideraciones, yo retaría a todos los hombres que consideran el ministerio vocacional a que examinen su corazón y se pregunten: «¿Tengo un anhelo de conocer y experimentar a Cristo?». Si fallas esta prueba, no eres apto para servir a Cristo como su siervo elegido ni has sido llamado a hacerlo.

Prueba #2: Un sentido de urgencia de predicar el evangelio

Si le preguntamos a cualquier pastor fiel cuyo ministerio evidentemente ha sido bendecido por Dios, nos dirá que una de las principales razones por las que estaba seguro de que Dios lo había llamado a ser pastor era su continuo sentido de urgencia de predicar el evangelio,

8. Citado por I. D. E. Thomas, *Golden Treasury of Puritan Quotations* (Edimburgo: The Banner of Truth Trust,1975), p. 192.

lo que incluye todo el consejo de Dios revelado en las Escrituras. Él reconocerá que su ser más íntimo clamaba por las cosas de Dios, y su deseo de ministrar era tan fuerte que, en comparación, todas las riquezas y el poder del mundo eran absolutamente insignificantes para él.

El llamado de Dios al ministerio pastoral jamás será una repentina premura salida de la nada. Antes bien, *será un inalterable anhelo del alma, una solemne aprensión del hombre interior que no lo soltará.* Después de una seria indagación durante largas temporadas de oración pidiendo claridad, un hombre tendrá un ineludible sentido de urgencia que mezcla gozo y temor, celo y aprensión, y deber y deseo.

Spurgeon lo expresa así:

> Debemos sentir un ay sobre nosotros si no predicamos el evangelio. La Palabra de Dios debe ser como fuego en nuestros huesos; de lo contrario, si emprendemos el ministerio, seremos desdichados en él, seremos incapaces de soportar las negaciones de sí mismo que lo acompañan, y prestaremos escaso servicio a aquellos que ministramos. Hablo de negaciones, y con razón; porque la labor del verdadero pastor está llena de ellas, y si no ama su llamado, pronto sucumbirá, y abandonará el tedio o continuará descontento, abrumado por una monotonía tan agobiante como la de un caballo ciego en un molino... Ceñido de ese amor, no tendrás miedo; despojado de ese más que mágico cinto de irresistible vocación, serás consumido por la desdicha.[9]

Desde luego, tener *un sentido de urgencia de predicar el evangelio* es algo muy diferente a tener un deseo de pararse frente a una audiencia para ser el centro de atención y recibir elogios y aplauso. El hombre al que Dios ha llamado tendrá una pesada carga por la salvación y santificación del alma de los hombres, para la gloria de Cristo. El hombre que considera el ministerio pastoral debe preguntarse esto: «¿Tengo el anhelo de verlos *llegar a conocer, amar, adorar y servir a Cristo?*».

9. C. H. Spurgeon, *Lectures to My Students* (Peabody, MA: Hendrickson Publishers Marketing, LLC, reimp. 1875 ed., 3.ra imp., 2012), p. 28. Publicado en español por editorial Mundo Hispano con el título *Discursos a mis estudiantes.*

La evangelización y el discipulado deben ser las ansias arrolladoras y absorbentes de su alma; de lo contrario, las inevitables tristezas del ministerio pronto lo conducirán a la desesperación.

Un verdadero ministro del evangelio debe estar tan cargado por los perdidos que diga con Pablo: «Tengo gran tristeza y continuo dolor en mi corazón. Porque desearía yo mismo ser anatema, separado de Cristo por amor a mis hermanos, mis parientes según la carne... el deseo de mi corazón y mi oración a Dios por ellos es para su salvación» (Ro. 9:2-3; 10:1). Esta prioridad dominaba el ministerio de Pablo. Por esta razón, les recordó a los corintios: «Porque nada me propuse saber entre ustedes excepto a Jesucristo, y Este crucificado» (1 Co. 2:2).

Todo pastor sincero será como Jeremías, quien, pese a una enorme resistencia y al riesgo que corría su vida, no podía dejar de predicar: «esto se convierte dentro de mí como fuego ardiente encerrado en mis huesos. Hago esfuerzos por contenerlo, y no puedo» (Jer. 20:9). Y Jeremías predicó más de cuarenta años, de los cuales más de la mitad fueron durante las inigualables reformas religiosas de Josías, pero sin un solo convertido. De hecho, al comienzo de su ministerio se le dijo (lo mismo que a Ezequiel) que nadie lo escucharía, pero que predicara de todos modos. En nuestros días, muchos pueden esperar estar en un ministerio como el de Jeremías. Esto requiere la convicción de un sincero llamado y compartir la carga de Pablo, quien dijo: «¡ay de mí si no predico el evangelio!» (1 Co. 9:16). ¡Eso es lo que significa tener *un sentido de urgencia por predicar el evangelio!*

Si un hombre que considera el ministerio pastoral no puede identificarse honestamente con una carga apasionada por liberar la única verdad que puede poner a los pecadores a cuenta con Dios y evitar su condenación en el infierno eterno, no tiene una razón legítima para pararse detrás de un púlpito a predicar. Debe admitir lo que otros pronto van a detectar: *Dios simplemente no lo ha llamado al ministerio pastoral.*

Prueba #3: Un persistente sentimiento de inhabilidad

Esta tercera prueba se resume perfectamente en la reflexión de Pablo sobre la intimidante tarea del ministerio del evangelio y sus propias incapacidades: «para estas cosas, ¿quién está capacitado?» (2 Co. 2:16). Obviamente sabía que su fuerza y aptitud eran insuficientes. Cuando Pablo llegó a predicar por primera vez el evangelio a Corinto —ciudad extremadamente malvada, destacada por su degeneración moral e idolatría—, les recordó a los santos que lo había hecho «con debilidad y con temor y mucho temblor, y [su] mensaje y [su] predicación no fueron con palabras persuasivas de sabiduría, sino con demostración del Espíritu y de poder, para que la fe de [ellos] no descanse en la sabiduría de los hombres, sino en el poder de Dios» (1 Co. 2:3-5).

Pablo tenía plena consciencia de su inhabilidad y total dependencia del poder del Espíritu. Esto no significa que fuera un lirio marchito, temeroso de predicar. ¡Era sumamente intrépido en su predicación! Pero era lo bastante humilde para sospechar de su propia espiritualidad; tanto así que les pedía a los santos de Éfeso: «Oren también por mí, para que... hable sin temor, como debo hablar» (Ef. 6:19-20).

La «debilidad» de Pablo (1 Co. 2:3) es una referencia a la *aparente debilidad d*el mensaje evangélico sencillo y sin adornos, considerado como piedra de tropiezo por los judíos y como necedad por los gentiles. Él sabía que había una alta probabilidad de que su mensaje fuera rechazado. También sabía que no había nada que pudiera decir o hacer para causar que alguien creyera. No obstante, como señala en los versículos 25 y 27 del capítulo 1, la *aparente debilidad del evangelio,* en realidad, era el poder de Dios que libera a los pecadores del poder y el castigo del pecado; y por una buena razón: «Porque la necedad de Dios es más sabia que los hombres, y la debilidad de Dios es más fuerte que los hombres... Dios ha escogido lo necio del mundo para avergonzar a los sabios; y Dios ha escogido lo débil del mundo para avergonzar a lo que es fuerte».

Su referencia a haber ido a ellos «con temor y mucho temblor» es una frase que usó en otros pasajes en el contexto de estar inmensamente cargado por un asunto específico.[10] Y con los corintios, como

10. En 2 Corintios 7:15, su temor y temblor era por la reverencia de Dios y un saludable temor al juicio entre las personas. En Filipenses 2:12-13, se usó para describir la actitud apropiada que deberíamos tener para no ofender a Dios y la necesidad de mantener una justa reverencia hacia su santidad.

en todos los demás lugares donde predicaba, efectivamente tenía *temor* de que rechazaran el mensaje de la cruz y *temblaba* por las consecuencias eternas del infierno que serían el destino de ellos. Nada de esto, por el contrario, caracterizaba el corazón de los filósofos griegos con los que los corintios estaban tan embobados. Y me temo que es algo igualmente ajeno a muchos hombres en los púlpitos de hoy, que secretamente se consideran aptos para la tarea. Charles Spurgeon ofrece una observación adicional a esta seria verdad:

> El poder del evangelio no está en la elocuencia del predicador, de ser así los hombres serían los que convertirían las almas; tampoco depende de los conocimientos del predicador, pues de esa forma consistiría de sabiduría humana. Podemos predicar hasta que nuestras lenguas se cansen, hasta que se agoten nuestros pulmones y muramos, pero nunca se convertiría un alma a menos que el Espíritu Santo use la Palabra de Dios y dé el poder para convertirla.[11]

Quisiera que todo predicador del evangelio aceptara la realidad de sus incapacidades y de su total dependencia del Espíritu para lograr algo. Es demasiado fácil que un joven que considere el ministerio sobrestime inadvertidamente sus capacidades y piense que, por su propia cuenta, es capaz de lograr los propósitos de Dios a la manera de Dios. He visto esto muchas veces en hombres no probados recién salidos del seminario, que suponen que sus títulos y los honores que decoran sus togas de graduación demuestran su proeza espiritual y disposición para pastorear. Pero tal cosa nunca es cierta. De seguro vendrá el fuego refinador.

Si hubo alguna vez un hombre que pudiera haber estado justificado en pensar que sus capacidades demostraban su aptitud para la tarea, fue Pablo. Sin embargo, a pesar de sus supremas calificaciones, el Señor le dejó claro que aún era necesario un refinamiento continuo. Esto lo vemos en la situación de su «espina en la carne» (2 Co. 12:7).

11. Citado en John MacArthur, *Comentario MacArthur del Nuevo Testamento: 1 Corinthians:* (Grand Rapids, MI: Editorial Portavoz, 2003), p. 80.

Después de rogarle tres veces al Señor (oraciones dirigidas a Jesús mismo) que lo liberara de este agonizante obstáculo para el ministerio, el Señor le reveló el propósito del dolor: le fue enviado «un mensajero de Satanás que [lo] abofetee, para que no [se] enaltezca» (2 Co. 12:7).[12] Entendiendo esto, Pablo se alegraba humildemente en la respuesta de Dios para él:

> Él me ha dicho: «Te basta Mi gracia, pues Mi poder se perfecciona en la debilidad». Por tanto, con muchísimo gusto me gloriaré más bien en mis debilidades, para que el poder de Cristo more en mí. Por eso me complazco en las debilidades, en insultos, en privaciones, en persecuciones y en angustias por amor a Cristo, porque cuando soy débil, entonces soy fuerte (1 Co. 12:9-10).

Esto demuestra la prioridad divina de que sus siervos sean tanto humildes como dependientes de la constante disponibilidad de la completa y suficiente gracia de Dios. Pablo entendió que la «iluminación del conocimiento de la gloria de Dios en el rostro de Cristo» era un «tesoro en vasos de barro, para que la extraordinaria grandeza del poder sea de Dios y no de nosotros» (2 Co. 4:6-7).

Si bien todo pastor fiel experimentará tiempos cuando el Señor encenderá fuegos de adversidad con el fin de templar el acero de su fe, no se debe subestimar la importancia de tener *un persistente sentimiento de inhabilidad* desde el comienzo del ministerio vocacional. Es una importante prueba del llamado divino. El hombre que no lo posea ciertamente fracasará, porque «delante de la destrucción va el orgullo, y delante de la caída, la arrogancia de espíritu» (Pr. 16:18).

Prueba #4: Una carga por pastorear el rebaño

Alguien ha dicho acertadamente: «Un pastor huele a oveja». ¡Muy cierto! A causa de su compasión por aquellos que Dios le ha encargado, un pastor fiel se pasará la vida atendiendo, alimentando, protegiendo y guiando a su rebaño. Tendrá un deseo de pastorear

12. Muy probablemente se tratara de un falso apóstol en la iglesia, inspirado y potenciado por Satanás para aguijonear la carne de Pablo, por lo demás orgullosa. La espina de la calumnia era un remedio divino para la arrogancia.

ovejas, no de cuidar cabras. Aunque esto tomará tiempo para desarrollarse más plenamente después que un hombre entra al ministerio, *su compasión por los demás debe ser evidente con anterioridad.*

He conocido a hombres que aman su congregación, e incluso se enojan si alguien sugiere algo diferente, pero su radiante autoevaluación no refleja las francas observaciones de muchos en la iglesia, especialmente los que están fuera del círculo de sus más cercanos amigos y aduladores. Cualquier hombre que considere el ministerio vocacional debe tener una entusiasta recomendación de su familia eclesiástica de que, efectivamente, es conocido por su amor sacrificial y dedicación a *todos* los que encuentra; como Timoteo, de quien «hablaban elogiosamente los hermanos que estaban en Listra y en Iconio» (Hch. 16:2). Un hombre que en verdad ama a Cristo amará realmente a *todos* los que pertenecen a Cristo. El amor sacrificial y abnegado definirá su carácter. Será evidente para todos los que tengan la experiencia de conocerlo, y él lamentará en secreto amar tan poco. Esta virtud suprema también agregará peso a su carga por pastorear su rebaño.

Un verdadero pastor subordinado imitará al Pastor principal, quien lloró por Jerusalén (Lc. 19:41) y tanto «amó a la iglesia» que «se dio Él mismo por ella» (Ef. 5:25). A causa de su amor sacrificial por su rebaño, un verdadero pastor sentirá una permanente carga por el bienestar espiritual de aquellos que Dios ha puesto a su cuidado. Pablo expresó esto cuando les dijo a los santos en Corinto: «Además de tales cosas externas, está sobre mí la presión cotidiana de la preocupación por todas las iglesias» (2 Co. 11:28). «Yo con mucho gusto gastaré lo mío, y aun yo mismo me gastaré por sus almas» (12:15).

Un hombre realmente llamado por Dios tendrá este tipo de reputación entre los hermanos creyentes antes de entrar al ministerio. Él imitará a Pablo, quien imitaba a Cristo (1 Co. 11:1); quien entre los tesalonicenses fue como una *madre piadosa,* caracterizado por tierna dedicación, profundo afecto, amor sacrificial y abnegado esfuerzo; y como un *padre piadoso,* con un corazón dedicado a la vida santa y la instrucción bíblica (1 Ts. 2:7-12).

Tal vez los libros más explícitos, pero pasados por alto en el Nuevo Testamento, que definen el carácter y las responsabilidades de un pastor son 1 y 2 Tesalonicenses. El cuidadoso análisis de Richard Mayhue de estas epístolas proporciona una reveladora descripción de lo que el pastor debe ser y hacer, y cada una subraya la profunda importancia de poseer una carga por pastorear el rebaño. Según Mayhue, entre las principales responsabilidades de un pastor están:

1. Orar (1 Ts. 1:2-5; 3:9-13)
2. Evangelizar (1 Ts. 1:4-5; 9-10)
3. Capacitar (1 Ts. 1:6-8)
4. Defender (1 Ts. 2:1-6)
5. Amar (1 Ts. 2:7-8)
6. Esforzarse (1 Ts. 2:9)
7. Ejemplificar (1 Ts. 2:10)
8. Guiar (1 Ts. 2:10-12)
9. Alimentar (1 Ts. 2:13)
10. Vigilar (1 Ts. 3:1-8)
11. Advertir (1 Ts. 4:1-8)
12. Enseñar (1 Ts. 4:9–5:11)
13. Exhortar (1 Ts. 5:12-24)
14. Animar (2 Ts. 1:3-12)
15. Corregir (2 Ts. 2:1-12)
16. Confrontar (2 Ts. 3:6, 14)
17. Rescatar (2 Ts. 3:15)[13]

Sin una genuina carga por pastorear a los santos, ningún hombre puede dedicarse a estas responsabilidades. Ningún hombre puede imitar a Pablo sirviendo «al Señor con toda humildad, con lágrimas y con pruebas» (Hch. 20:19), como un mensajero fiel que no rehúye «declararles… nada que fuera útil, y de enseñarles públicamente y de casa en casa» (v. 20).

En la iglesia no hay cabida para pastores perezosos que sean indiferentes a las necesidades espirituales de su rebaño, o pastores empresariales motivados por el dinero o pastores ávidos de poder

13. John MacArthur Jr. y el profesorado de The Master's Seminary, *Rediscovering Pastoral Ministry* (Nashville, TN: Word Publishing, 1995), pp. 14-15. Publicado en español por Editorial Clie con el título *El ministerio pastoral.*

que *manejan* a su rebaño en lugar de *guiarlo*. Antes bien, el pastor debe ser tal ejemplo de cuidado compasivo que los demás no solo lo experimenten, sino que también se motiven a *imitarlo*. Con estas inquietudes en su mente, Pedro exhorta a los ancianos:

> Pastoreen el rebaño de Dios entre ustedes, velando por él, no por obligación, sino voluntariamente, como quiere Dios; no por la avaricia del dinero, sino con sincero deseo; tampoco como teniendo señorío sobre los que les han sido confiados, sino demostrando ser ejemplos del rebaño (1 P. 5:2-3).

Sin excepción, los hombres que han causado el mayor impacto en mi vida han sido aquellos que me amaron tanto como para acercarse a mí intencionalmente con palabras de aliento y advertencia. Así es el verdadero pastoreo. Es la ejecución de la carga interior de un hombre por ver a las personas llegar a amar y servir a Cristo. Un verdadero pastor dará de sí mismo con alegría, así como Cristo dio de sí mismo. Estará tan profundamente preocupado de proteger a su rebaño del error y de que experimente el emocionante júbilo de la vida del evangelio, que hará eco de las palabras de Pablo: «Hijos míos, por quienes de nuevo sufro dolores de parto hasta que Cristo sea formado en ustedes» (Gá. 4:19).

Lamentablemente, se suele descuidar este deber. La mayoría de los miembros de una congregación tienen poco contacto con su(s) pastor(es) de manera personal. No obstante, en la interacción intencional cara a cara, la Palabra se aplica de mejor manera a los asuntos prácticos de sus vidas. En este contexto, un pastor realmente puede escuchar el corazón de ellos, enterarse de sus objeciones y errores doctrinales, y lo que es más relevante, obtener importante información acerca de sus luchas y pecados.

En el marco de la supervisión privada, los creyentes pueden ser establecidos en la fe con mayor eficacia. Aquí el pastor gana su afecto, construye su confianza, se entera de aquello por lo que debe orar y qué evitar, sabiendo que un día rendirá cuentas respecto a su fidelidad en velar por sus almas (He. 13:17).

Una vez más, el fiel pastor puritano Richard Baxter aborda este asunto con suma seriedad:

Es muy común que los hombres piensen que la labor del ministerio no es más que predicar, bautizar, administrar la Cena del Señor y visitar a los enfermos. De esta manera, las personas no se someterán a más; y muchísimos ministros son tan ajenos a su propio llamado que no harán más. A menudo me ha pesado en el corazón ver a algunos eminentes y hábiles predicadores que hacen tan poco por la salvación de las almas, excepto desde el púlpito; y a causa de este descuido, gran parte de su labor tiene muy poco beneficio. Tienen a cientos de personas a las que nunca les han dicho personalmente ni una sola palabra para su salvación; y a juzgar por su práctica, no consideran que sea su deber. Y lo principal que endurece a los hombres en esta supervisión es el común descuido del aspecto privado de la obra en favor de otros.

Hay muy pocos que hacen mucho en esto, y la omisión se ha vuelto tan común entre hombres piadosos y capaces, que la desdicha de este hecho queda aplacada por su habilidad. Ahora un hombre puede ser culpable de ello sin ningún reparo ni deshonra en particular. El pecado nunca predomina tanto en una iglesia o estado como cuando ha ganado reputación o, al menos, no causa desdicha al pecador ni ofende a los espectadores. Pero no me cabe duda, por la misericordia de Dios, de que la restauración de la práctica de la supervisión personal convencerá a muchos ministros de que esta es parte de su labor tanto como aquella que ya realizan, y que despertarán y verán que el ministerio es un tipo de ocupación distinta a lo que muchísimos excelentes predicadores conciben.

Hermanos, tan solo ocúpense atentamente en esta labor y síganla con diligencia. Aunque la realicen en silencio, sin ninguna palabra a los negligentes, tengo la esperanza de que la mayoría de ustedes que están presentes podrán vivir para ver el día cuando el descuido de la supervisión personal privada de todo el rebaño se considerará como una escandalosa y detestable omisión.[14]

14. Richard Baxter, *The Reformed Pastor* (Edimburgo: The Banner of Truth Trust, reimp. 2005), pp. 178-179. Publicado en español por la misma editorial con el título *El pastor renovado*.

Si un hombre que considera el ministerio no demuestra ningún deseo de involucrarse de manera personal en el discipulado individual, su perspectiva del liderazgo es inmensamente defectuosa y está engañado. Si bien este importante deber puede y debe desarrollarse más plenamente con el tiempo, debe ser un compromiso tenido en tanta estima como la predicación pública. De no ser así, Dios no lo ha llamado a pastorear su rebaño.

En términos prácticos, debemos discipular a los hombres para que ellos puedan pastorear a su propia esposa e hijos. Dios pone esta responsabilidad en cada hombre cristiano, no en la iglesia (Ef. 5:25-33; 6:4; 1 Co. 14:34-35). Dios les pedirá cuentas a los hombres, no a la iglesia, especialmente en una época donde el acceso a la verdad es tan fácil. La mayoría ha cedido esta responsabilidad a la iglesia. Parte de este discipulado personal debe ser llamar a las personas a cumplir sus responsabilidades ordenadas por Dios. Si un hombre que considera el ministerio pastoral es personalmente deficiente en el pastoreo de su esposa e hijos, no hará de esto una prioridad en su ministerio y, en consecuencia, perderá una bendición en su vida y su iglesia.

Jonathan Edwards abordó este asunto en su diario durante la controversia del «Pacto a Medias». Primero se dirigió a los ministros.

> Un ministro, por su cargo, debe ser el guía e instructor de su congregación. Para ese efecto, debe estudiar y examinar las Escrituras y enseñar al pueblo, no las opiniones de hombres —de otros teólogos o de sus antecesores—, sino la mente de Cristo. Así como se dispone a iluminarlos, también parte de su deber es corregir los errores de ellos, y si los ve fuera del camino de la verdad o del deber, ha de ser una voz detrás de ellos que diga: «Este es el camino, caminen por él». Por lo tanto, si lo que ofrece exhibirles como la mente de Cristo es diferente a las nociones previas de ellos, sin duda están obligados a escucharlo, a menos que se trate de un punto establecido como fundamental en la iglesia de Dios. De no ser así, se acaba de inmediato todo el beneficio y el provecho de los maestros en la iglesia, como los medios para aumentar su luz y conocimiento, y rescatarla de los errores y extravíos. Esto, en efecto, sería establecer, no la palabra de Cristo,

> sino la opinión de la última generación en cada pueblo e iglesia como una regla inmutable para todas las futuras generaciones hasta el fin del mundo.[15]

Edwards luego se dirige directamente a los padres, enfatizando la clase de discipulado personal en el que todo padre (y pastor) debe ocuparse.

> Examinen especialmente si no viven en pecado por vivir descuidando su instrucción. ¿No descuidas totalmente el deber de instruir a tus hijos? O si no lo descuidas totalmente, no obstante, ¿no les concedes tan escasa instrucción, y no eres tan inconstante y no pones tan poco empeño en ello, que vives en pecaminosa negligencia? ¿Tu esfuerzo es proporcional a la importancia del asunto? ¿Te preocupas por el bienestar de sus almas tanto como por sus cuerpos? ¿Te empeñas en que puedan tener vida eterna tanto como lo haces para proveerles bienes con los cuales vivan en este mundo?... ¿No viven ustedes en pecaminoso descuido del gobierno de sus familias? ¿No viven en el pecado de Elí, quien de hecho aconsejó y reprochó a sus hijos, pero no ejerció gobierno sobre ellos?... Si dices que no puedes refrenar a tus hijos, esa no es excusa; porque es señal de que has criado a tus hijos sin gobierno, que tus hijos no respetan tu autoridad. Cuando los padres pierden el gobierno sobre sus hijos, sus reprensiones y consejos significan muy poco... Con el descuido de este tema, los padres echan la culpa de los pecados de sus hijos sobre sus propias almas, y la sangre de sus hijos se requerirá de sus propias manos.[16]

Prueba #5: Una confirmación pública de dones espirituales, carácter y habilidades

En un mundo de fraudes autodesignados y falsos apóstoles, Pablo testificó de su comisión divina declarando: «Hemos sido aprobados por Dios para que se nos confiara el evangelio» (1 Ts. 2:4). Esta es

15. Jonathan Edwards, *The Works of Jonathan Edwards*, vol. 2 (Edimburgo: The Banner of Truth Trust), p. 183.

16. Ibíd., p. 183.

una declaración fascinante. El pretérito perfecto «hemos sido aprobados» indica que *una cuidadosa evaluación en el pasado dio como resultado su actual estado de aprobación.* A pesar de haber sido elegido por Dios para ser un apóstol antes de nacer (Gá. 1:15), incluso Pablo fue sometido a un tiempo de *prueba, entrenamiento* y *examen* antes que se le confiara el evangelio. Solo entonces, Dios le puso su sello de aprobación para el ministerio. Muchísimos hombres entran al seminario, y luego son aceptados en una iglesia, sin haber enseñado jamás siquiera un estudio bíblico, mucho menos su devoción a la verdad ha sido probada por el fuego.

En efecto, Pablo mismo llama a todas las iglesias a examinar a aquellos que son asignados a cargos de liderazgo: «El que de esta manera sirve a Cristo, es aceptable a Dios y aprobado por los hombres» (Ro. 14:18). El requisito de que un anciano sea probado y confirmado es evidente en las calificaciones enumeradas en 1 Timoteo 3:1-7 y Tito 1:6-9, e incluso se extiende con cierta variación a los diáconos, donde Pablo dice: «Que también estos sean sometidos a prueba primero, y si son irreprensibles, que entonces sirvan como diáconos» (1 Ti. 3:10). Pero respecto a los ancianos claramente advierte: «No impongas las manos sobre nadie con ligereza, compartiendo así la responsabilidad por los pecados de otros; guárdate libre de pecado» (1 Ti. 5:22).

Esta es una advertencia muy importante, que demasiado a menudo no es atendida. Las ordenaciones apresuradas resultan desastrosas casi inevitablemente. Los hombres no calificados que son puestos en el ministerio causan estragos en una iglesia, y los responsables de ponerlos allí son culpables de desorientar al pueblo y de, indirectamente, condonar sus pecados. Pablo advierte: «Los pecados de algunos hombres ya son evidentes, yendo delante de ellos al juicio; pero a otros, sus pecados los siguen» (v. 24). Una vez más, esto subraya la importancia del cuidadoso escrutinio durante el proceso de evaluación. Los pecados de algunos hombres son tan claros que una congregación puede juzgarlos fácilmente y ver que están descalificados. Pero los pecados de otros no se advierten con tanta facilidad.

Al comienzo de mi ministerio, fui culpable de confirmar a hombres como ancianos; pensé que estaban razonablemente calificados, pero luego descubrí áreas de pecado que eran inaceptables y divisivas.

Por desdicha, la mayoría de los hombres hereda una junta de ancianos de calificación insuficiente. Esto suele ocurrir en iglesias pequeñas, donde el pastor tiene pocos hombres entre los cuales elegir. Hay una tendencia a seleccionar lo mejor que hay y esperar lo mejor, aun cuando los hombres elegidos solo están medianamente calificados. Más tarde, para su desaliento, se descubre que ha confirmado a un fanático del control, o un cascarrabias contencioso, o un alguacil engreído que ahora tiene una bala, una placa y un librito negro, y está poniendo a todos en la cárcel; un poco de autoridad puede sacar lo peor de algunos hombres (ver 1 Ti. 3:6). Así que he aprendido por las malas que es mucho mejor pasar más tiempo examinando a los hombres al principio, que pasar por el doloroso proceso de tratar de deshacerse de ellos al final.

Los hombres considerados para el ministerio vocacional a tiempo completo necesitan un escrutinio aún mayor. Dado que todos estamos inevitablemente sesgados a nuestro propio favor, necesitamos la honesta evaluación de otros que tengan discernimiento espiritual en estos asuntos para que nos den su crítica y recomendación. Los pastores sabios y con experiencia sabrán cómo reaccionará una congregación, especialmente en lo que respecta a predicación y enseñanza.

Todos hemos visto a ilusionados participantes de *American Idol* avergonzarse ante el mundo con un desempeño vocal solo apto para la ducha. Dado que cantaban solos en musicales de la escuela y en la iglesia, estaban totalmente seguros de que su destino era el estrellato. Muchos aspirantes a pastores que son débiles comunicadores no son diferentes. Si un hombre no tiene habilidades naturales para hablar de manera clara y convincente, les hacemos a él y al cuerpo de Cristo un grave daño al elogiarlo, solo para hacerlo sentir bien. En lo que respecta a la predicación, no existe tal cosa como un premio por participar. Todos hemos soportado a hombres carentes de las habilidades más básicas, hablar y hablar mientras todos batallamos por mantenernos despiertos. Hay muchas formas en que Dios puede hacer dormir a las personas, pero sus mensajeros no deben ser una de ellas.

Como en toda área del servicio cristiano, un hombre pulirá sus habilidades homiléticas y desarrollará otros aspectos de sus dotes con el tiempo. Pero debe haber ciertas destrezas naturales básicas y observables que sirvan de cimiento. Los dones espirituales de un hombre, su carácter y sus habilidades deben ser evidentes para los demás, y él debe ser evaluado por quienes estén calificados para hacerlo. Esto lo vemos en el caso de Timoteo. Pablo lo eligió al principio como compañero, porque de él «hablaban elogiosamente los hermanos que estaban en Listra y en Iconio» (Hch. 16:2). Sin embargo, debemos tener cuidado de distinguir entre talentos naturales y dones espirituales. Algunos hombres que tienen notables talentos naturales de comunicación luego resultan ser lobos vestidos de ovejas.

En última instancia, un hombre debe ser examinado por líderes reconocidos; luego, después de mucha oración, puede ser formalmente apartado para su cargo acorde al concepto de ordenación del Nuevo Testamento. Vemos este precedente bíblico en Hechos 14:23: «Después que les designaron ancianos en cada iglesia, habiendo orado con ayunos, los encomendaron al Señor en quien habían creído». El Espíritu Santo les pidió a los profetas y maestros piadosos de la iglesia de Antioquía: «Aparten a Bernabé y a Saulo para la obra a la que los he llamado». Luego, después de orar y ayunar, «y haber impuesto las manos sobre ellos, los enviaron» (Hch. 13:2-3).

Puesto que Cristo compró su Iglesia con su propia sangre, es de suma importancia que tengamos cuidado al seleccionar y designar hombres a cualquier cargo de liderazgo espiritual, especialmente la función de pastor-predicador. La exhortación de Pablo a los ancianos de Éfeso afirma esto: «Tengan cuidado de sí mismos y de toda la congregación, en medio de la cual el Espíritu Santo les ha hecho obispos para pastorear la iglesia de Dios» (Hch. 20:28). Si un hombre no se somete voluntaria y alegremente a este tipo de examen, no tiene fundamento para afirmar que Dios lo ha llamado al ministerio pastoral. Además, si no hay confirmación pública de sus dones espirituales, carácter y habilidades, reprueba lo más importante.

La conocida advertencia de Charles Spurgeon causó un gran impacto en mi vida cuando yo lidiaba con estos asuntos al comienzo de mi ministerio, y es muy pertinente en este respecto. Él advirtió:

> No entres al ministerio si puedes evitarlo... Si algún estudiante en este salón se pudiera conformar con ser editor de un periódico,

> almacenero, agricultor, doctor, abogado, senador o rey, en nombre del cielo y la tierra, que siga su camino; no es el hombre en quien habita el Espíritu de Dios en su plenitud. Un hombre tan lleno de Dios se hastiaría totalmente de cualquier ocupación que no sea aquella que ansía en lo más íntimo del alma.[17]

PALABRAS FINALES

Una vez más, quisiera retar a todos los hombres que están contemplando el ministerio vocacional, que examinen su corazón a la luz de estas cinco categorías. Si efectivamente puedes decir con sinceridad que posees *un anhelo de conocer y servir a Cristo, un sentido de urgencia de predicar el evangelio, un persistente sentimiento de inhabilidad, una carga por pastorear el rebaño,* tu testimonio traerá como resultado *una confirmación pública de dones espirituales, carácter y habilidades.*

Si se da esto, la providencia de Dios luego te guiará al lugar específico donde quiere que le sirvas. A la luz de esto, puedes alegrarte en la promesa de Cristo: «Edificaré mi iglesia» (Mt. 16:18). Anímate, sabiendo que Cristo ha prometido estar personalmente involucrado en tu ministerio. No estás solo, como Pablo dejó claro en su declaración a los corintios: «Somos colaboradores en la labor de Dios» (1 Co. 3:9).

Asombrado y humilde ante el más alto de los honores que Dios puede concederle a un hombre, luego puedes cantar con Isaac Watts: «Si todo el ámbito de la naturaleza fuera mío, sería un regalo demasiado pequeño; un amor tan admirable, tan divino, demanda mi alma, mi vida, mi todo».

---

17. C. H. Spurgeon, *Lectures to My Students* (Peabody, MA: Hendrickson Publishers Marketing, LLC, reimp. 1875 ed., 3.ra imp., 2012), p. 28. Publicado en español por editorial Mundo Hispano con el título *Discursos a mis estudiantes.*

ESTAD POR CRISTO FIRMES

¡Estad por Cristo firmes, soldados de la cruz!
Alzad hoy la bandera en nombre de Jesús.
Es vuestra la victoria con Él por capitán;
por Él serán vencidas las huestes de Satán.

¡Estad por Cristo firmes, hoy llama a la lid!
Con Él, pues, a la lucha, soldados todos id.
Probad que sois valientes luchando contra el mal.
Si es fuerte el enemigo, Jesús es sin igual.

¡Estad por Cristo firmes! Las fuerzas son de Él;
el brazo de los hombres por débil no es fiel.
Vestíos la armadura, velad en oración;
deberes y peligros demandan más tesón.

¡Estad por Cristo firmes! Bien poco durarán
la lucha y la batalla, victoria viene ya.
A todo el que venciere corona se dará;
y con el Rey de gloria por siempre reinará.

Letra original: George Duffield Jr. (1818-1888)

PRINCIPIO CLAVE #4:
Controlado por un solo mensaje

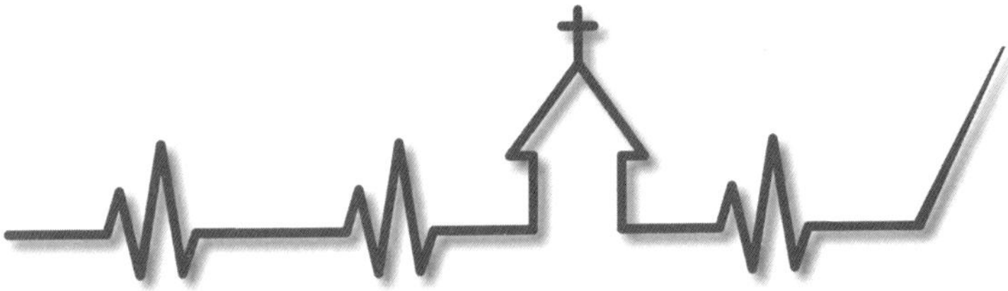

De esta iglesia fui hecho ministro... a fin de llevar a cabo la predicación de la palabra de Dios, es decir, el misterio que ha estado oculto desde los siglos y generaciones, pero que ahora ha sido manifestado a sus santos. A estos Dios quiso dar a conocer cuáles son las riquezas de la gloria de este misterio entre los gentiles, que es Cristo en ustedes, la esperanza de la gloria (Col. 1:25-27).

El 2017 fue un año destacado para millones de cristianos, pues celebramos juntos el 500.° aniversario de la Reforma protestante, que rescató a innumerables millones de los hechizantes engaños del catolicismo romano. Tras el inicio de la Reforma en 1517 con la publicación de Martín Lutero de las Noventa y Cinco Tesis, el cristianismo occidental de pronto se vio confrontado con el verdadero evangelio. Los grandes teólogos de ese entonces proclamaron la revelación de la *sola Escritura*. Entendieron que la salvación es *solo por gracia*, mediante la *sola fe, solo en Cristo, solo para la gloria de Dios*. Estas cinco verdades fundacionales, conocidas como las «Cinco Solas»,[1] se con-

1. «Sola Scriptura» (Solo la Escritura), «Sola Gratia» (Solo por gracia), «Sola Fide» (Solo por fe), «Solus Christus» (Solo Cristo), «Soli Deo Gloria» (Solo a Dios la gloria).

virtieron en el grito de guerra de los reformadores protestantes en respuesta a perversiones teológicas específicas que enseñaba la Iglesia católica romana.

Lamentablemente, el evangelio sigue sitiado. De hecho, quinientos años después de la Reforma protestante, todavía necesita ser rescatado del catolicismo romano. Según una encuesta de Pew Research Center, el 52% de los protestantes en los Estados Unidos dice: «Tanto las buenas obras como la fe son necesarias para irse al cielo, una creencia históricamente católica».[2] Creer semejante herejía condena a la persona a la destrucción en el infierno eterno (Gá. 1:8).

Pero el evangelio también debe ser rescatado de muchas iglesias donde está tan distorsionado, que poco se parece al verdadero evangelio. Perversiones tales como el *evangelio de la prosperidad,* el *evangelio fácil de creer* y el *evangelio de las necesidades percibidas* hoy son comunes. No se advierte a las personas acerca de la santidad ofendida de Dios, que causa que su ira se mantenga sobre los pecadores. No escuchan el sermón de Pablo «sobre la justicia, el dominio propio y el juicio venidero» que hizo temblar a Félix (Hch. 24:25).

Incluso muchos creyentes verdaderos expresan frustración respecto a la «predicación basada en necesidades», que no ofrece alimento espiritual a aquellos que tienen hambre de la gloria y la grandeza de Dios. El poder transformador de la predicación expositiva ha sido cambiado por el golpe de azúcar de sermoncillos de algodón dulce que producen un breve estallido de energía emocional seguido de una larga caída de letargo espiritual.

Muchos pastores jóvenes se sienten más cómodos haciendo exégesis de películas de Hollywood que de la inspirada Palabra de Dios. El sagrado escritorio se ha convertido en el sofá del psicólogo, y los sermones, en no más que seminarios de autoayuda. ¿Por qué? Porque el evangelio que predicó Jesús se considera arcaico, divisivo y ofensivo. En consecuencia, al igual que la última versión del *iPhone,* sigue siendo reinventado para satisfacer las demandas del consumidor. Pero donde no hay evangelio, ¡no hay arrepentimiento,

2. En línea, http://www.pewforum.org/2017/08/31/u-s-protestants-are-not-defined-by-reformation-era-controversies-500-years-later/. Recurso en inglés.

ni regeneración, ni justificación, ni santificación, ni Espíritu en el interior, ni nueva naturaleza, ni verdadera adoración ni vida eterna! Lo que queda es un cristianismo *sin Cristo* e iglesias llenas de cristianos falsificados.

Si bien estos problemas pueden parecer insuperables y propios de nuestra cultura posmoderna, en lo fundamental no son diferentes a lo que afrontaron Jesús y los apóstoles en el siglo I. La enfermedad es el pecado, y la cura es el evangelio, el único mensaje que controlaba al apóstol Pablo, quien dijo: «De esta iglesia fui hecho ministro... a fin de llevar a cabo la predicación de la palabra de Dios, es decir, el misterio que ha estado oculto desde los siglos y generaciones, pero que ahora ha sido manifestado a sus santos» (Col. 1:25-26). Este es el cuarto principio clave para el ministerio eficaz que analizaremos en este capítulo.

CONTROLADO POR UN MENSAJE: EL EVANGELIO

Las regiones del mundo del siglo I donde el evangelio fue predicado por primera vez estaban dominadas, fundamentalmente, por las religiones de misterio griegas, donde el judaísmo era una pequeña minoría. Resulta imposible concebir un entorno más hostil donde predicar el evangelio y plantar iglesias. Pero por la gracia y el poder de Dios, los pecadores se convertían, y la Iglesia creció explosivamente. Él capacitó a hombres que estaban controlados por un mensaje: *el evangelio no adulterado y sin adornos que ha sido revelado en las Escrituras;* hombres dedicados a predicar la Palabra de Dios.

Esto lo vemos claramente en el testimonio de Pablo:

> De esta iglesia fui hecho ministro conforme a la administración de Dios que me fue dada para beneficio de ustedes, a fin de llevar a cabo la predicación de la palabra de Dios, es decir, el misterio que ha estado oculto desde los siglos y generaciones, pero que ahora ha sido manifestado a sus santos. A estos Dios quiso dar a conocer cuáles son las riquezas de la gloria de este misterio entre los gentiles, que es Cristo en ustedes, la esperanza de la gloria (Col. 1:25-27).

Este es un texto fascinante, porque en él podemos ver el *contenido* doctrinal de los sermones de Pablo, los cuales incluían «el misterio que ha estado oculto *desde* los siglos y generaciones, pero que ahora ha sido manifestado a sus santos», Los gurús del crecimiento de la iglesia jamás recomendarían esta doctrina para evangelizar, porque a los que están *fuera de la iglesia* les parecería sumamente aburrida e irrelevante. Pablo no estaba de acuerdo, por supuesto.

Con «misterio», Pablo se refiere a las verdades espirituales en el Nuevo Testamento que habrían permanecido ocultas si Dios no hubiera decidido revelarlas. Como administrador de estos misterios, él predicaba «este misterio entre los gentiles, que es Cristo en ustedes, la esperanza de la gloria» (v. 27), refiriéndose a las desbordantes riquezas de Cristo, que mora en el interior por el Espíritu Santo (Jn. 14:23; Ro. 8:9-10).

Pero estos misterios también incluían «el misterio del evangelio» (Ef. 6:19), «el misterio de Cristo» (Ef. 3:8-12), «el gran misterio con referencia a Cristo y la iglesia» (Ef. 5:22-33), el misterio de que «no todos dormiremos, pero todos seremos transformados» (1 Co. 15:51; cp. 1 Ts. 4:13-18), «el misterio de la iniquidad» (2 Ts. 2:7, 9), el misterio de «que a Israel le ha acontecido un endurecimiento parcial» (Ro. 11:15-36) y el misterio de «BABILONIA LA GRANDE, LA MADRE DE LAS RAMERAS Y DE LAS ABOMINACIONES DE LA TIERRA» (Ap. 17:5).

Lamentablemente, hoy muy pocos predicadores comparten con Pablo su compromiso de administrar la predicación de estos «misterios» acerca de Cristo en toda su gloria, misterios de los cuales Pablo dijo que Dios se los había concedido «para beneficio de [ellos]» (Col. 1:25). He hablado con muchos creyentes que prácticamente no saben nada de estas magníficas verdades y, lo que es peor, a muchos no les interesa oírlas. Muchos cristianos profesos de hoy son como los israelitas autoengañados que vinieron a Jeremías con el pretexto de querer conocer la verdad de Dios, y prometieron: «Sea buena o mala, escucharemos la voz del SEÑOR nuestro Dios» (Jer. 42:6). Pero una vez que supieron lo que Dios quería que hicieran, se volvieron más obstinados y desafiantes que antes, más lejos que nunca de obedecer el mandamiento de Dios (Jer. 43:1-2; 44:16-17).

Pablo se explaya acerca de su responsabilidad en su carta a los Corintios: «Sino que hablamos sabiduría de Dios en misterio, la sabiduría oculta que, desde antes de los siglos, Dios predestinó para nuestra gloria» (1 Co. 2:7). El uso de la fuerte conjunción adversativa «sino» (gr. *alla)* revela el extremo contraste entre la sabiduría humana y la «sabiduría de Dios», que está en una posición enfática en el texto griego, y subraya la *posesión* y la *fuente* sobrenaturales; le pertenece *a* Él y proviene *de* Él.

Esto queda demostrado también mediante el uso del término «misterio» (gr. *mystérion),* que no se refiere a alguna filosofía secreta, mística y enigmática conocida solo por ciertos iniciados de elite. Como se dijo antes, el término describe *aquello que ha estado secreto en el pasado y no se puede conocer hasta que Dios lo revela,* en referencia a su voluntad y sus propósitos revelados a todos los creyentes en el Nuevo Testamento, a saber, *el evangelio.* Él también lo llama «la sabiduría oculta de Dios», porque es la sabiduría secreta que Dios esconde intencionalmente del hombre natural (1 Co. 2:14), quien prefiere la sabiduría terrenal antes que la divina. Esta sabiduría, la «sabiduría de Dios», es la que debemos predicar con confianza, sabiendo que «desde antes de los siglos» Dios la «predestinó para nuestra gloria» (v. 7).

Como pastores, tenemos una responsabilidad administrativa de proclamar estos misterios y todas las verdades relacionadas que los rodean, cada una de las cuales está entretejida en el tapiz de las Escrituras. Al igual que Pablo, necesitamos estar *controlados por un solo mensaje,* el cual requiere un compromiso con una sistemática predicación, enseñanza y aplicación de la Palabra en profundidad, como lo expresa Pablo: «Declararles todo el propósito de Dios» (Hch. 20:27). Esto descarta una predicación diluida, simplificada, basada en necesidades y entretenida para los no salvados; una que es muy diferente a la predicación bíblica que amonesta y edifica a la vez. El legado de los púlpitos débiles es catastrófico. La razón principal por la que la Iglesia causa tan poco impacto en el mundo de hoy es que demasiados púlpitos están llenos de empresarios, comediantes, terapeutas y activistas políticos, más que «administradores de los misterios de Dios».

EL MENSAJE DETERMINA LA ESTRATEGIA

El compromiso de Pablo con ser un administrador confiable de los misterios de Dios dictaba su *estrategia* en el ministerio evangélico. Esto se aprecia en su testimonio a los santos de Corinto, una ciudad extremadamente decadente e idólatra, aunque sofisticada. En su primera epístola a los corintios, obtenemos una noción de la estrategia que él usó cuando se dirigió por primera vez a aquella cultura pagana. Y lo que resulta especialmente fascinante es que su confianza en el mensaje que predicaba produjo una filosofía del ministerio que solo se podría describir como *contraria al sentido común*. Los corintios jamás habían oído o visto algo como Pablo. Ellos pensaban que era un completo idiota (1 Co. 1:23). Ciertamente, no abarrotaba el anfiteatro local con multitudes que iban a escucharlo.

La forma de comunicación habitual a la que estaban acostumbrados era la florida retórica de los filósofos de sabiduría mundana, hábiles oradores capaces de presentar la presunta sabiduría humana de formas convincentes y atractivas. Básicamente, era una forma de entretenimiento para las masas. Las personas incluso tomaban una postura según los partidos sectarios que apoyaban a su filósofo favorito (un espíritu divisivo que los nuevos convertidos llevaban a la iglesia y causaba desunión). Mediante sus capacidades oratorias, los filósofos persuadían a las muchedumbres ingenuas e ignorantes a creer lo que enseñaban, no tanto por razón de *qué d*ecían, sino *cómo* lo decían; un fenómeno común de manipulación usado por muchos predicadores y políticos de hoy.

Por tanto, uno pensaría que, para ser eficaces, los predicadores del evangelio emplearían la misma estrategia y estudiarían aquellas técnicas, y cultivarían la elocuencia y el arte de la persuasión; adoptarían un método, un estilo y un semblante que se adecuaría a la cultura; de lo contrario, ¡nadie iba a escuchar! Uno pensaría que Pablo habría dicho: «Debo dejar que la cultura configure mi discurso y luego acomodar el contenido de mi mensaje al espíritu de la época; debo hacerme querer por ellos de formas creativas, iniciar una conversación, hallar algún terreno común, luego puedo captar su atención e inducirlos a ejercer su voluntad de tomar una decisión por Cristo».

Pero dado que Pablo adoptó una soteriología bíblica, su *mensaje era sin transigencias* y su *método no era convencional.* Sus estrategias para el crecimiento de la Iglesia no tenían sentido desde la perspectiva del mundo. Recordemos que su mensaje se resume en una potente declaración: «Porque nada me propuse saber entre ustedes excepto a Jesucristo, y Este crucificado» (1 Co. 2:2). Él entendía lo que hoy, al parecer, muchos olvidan: el mensaje del evangelio es el único mensaje que Dios usa para salvar almas y glorificarse. Aunque es una piedra de tropiezo para los judíos y necedad para los griegos, «para los llamados, tanto judíos como griegos, Cristo es poder de Dios y sabiduría de Dios» (1 Co. 1:23-24).

La frase «Cristo, y Este crucificado» se refiere al evangelio completo y sin adulteración con toda su ofensa, el cual incluye la totalidad de la revelación de Dios al hombre, que se encuentra en las Escrituras. Todo lo demás es pérdida de tiempo. Aunque «la palabra de la cruz es necedad para los que se pierden… para nosotros los salvos es poder de Dios» (1 Co. 1:18). Todo lo demás es mera *sabiduría de hombres,* la cual Dios ha prometido destruir (v. 19). Las más eruditas filosofías y los ingeniosos sistemas religiosos no tienen más capacidad para salvar las almas, de la que tiene un escupitajo para cambiar el curso de un río. Solo el evangelio es «el poder de Dios para la salvación de todo el que cree, del judío primeramente y también del griego» (Ro. 1:16).

Qué tragedia es escuchar lo que sale de muchos púlpitos evangélicos estos días: tonterías frívolas no más profundas que la escarcha sobre una calabaza. En mi niñez en la década de 1960, recuerdo haber escuchado la frase: «¡Dios tiene un plan maravilloso para tu vida!», lo que se traduce como: «Jesús murió para que tú puedas tener una vida feliz, exitosa y próspera»; una peligrosa distorsión del verdadero evangelio. El mismo error complaciente a los oídos ha vuelto tan atrayente al movimiento «Una vida con propósito». Luego está el «Evangelio de la Prosperidad» y el pernicioso evangelio del «Cristiano Carnal», que insiste en que los individuos pueden ser cristianos y, no obstante, en su estilo de vida pueden permanecer indistinguibles de las personas entre las que viven (Ef. 4:17-22).

Lamentablemente, al camello de la cultura se le permitió meter la nariz en la tienda de la Iglesia con el movimiento «sensible a los buscadores», de modo que no debería sorprendernos que siga forcejeando para entrar por completo. Una vez dentro, va a pisotear el evangelio, destruirá todo lo que le dé gloria a Cristo y se levantará como el que debe ser adorado. ¡Este sería el mayor triunfo de Satanás!

El común denominador de todos los evangelios pervertidos es que convierten *las necesidades percibidas por las personas* en el centro de gravedad, en torno al cual debe orbitar el plan de redención de Dios. Cuando Dios desempeña un rol secundario, el *hombre* distorsiona el mensaje del evangelio y crea lo que Jesús describe como una puerta ancha y una senda amplia «que lleva a la perdición, y muchos son los que entran por ella» (Mt. 7:13).

A causa de su absoluta confianza en el poder sobrenatural de la verdad divina y el poder del Espíritu para levantar a los muertos espiritualmente, la única preocupación de Pablo era ser lo bastante valiente para liberar la verdad del evangelio sin transigir. De hecho, esta era una aprensión tan fuerte que a los santos de Éfeso les pidió:

> Oren también por mí, para que me sea dada palabra al abrir mi boca, a fin de dar a conocer sin temor el misterio del evangelio, por el cual soy embajador en cadenas; que al proclamarlo hable sin temor, como debo hablar (Ef. 6:19-20).

La estrategia de Pablo era simple: predicar «a Jesucristo, y Este crucificado» (1 Co. 2:2). Ahora bien, esto no significa que lo único que predicaba eran mensajes evangelísticos sobre la expiación. En absoluto. A partir de Hechos 18:11, sabemos que durante el año y medio que ministró en Corinto estuvo «enseñando la palabra de Dios entre ellos». Pero cada vez que Pablo predicaba, Cristo era siempre el foco principal, y el evangelio era la respuesta última a cada problema humano.

Nótese cómo su mensaje sin transigencias determinó su método no convencional en Corinto:

> Por eso, cuando fui a ustedes, hermanos, proclamándoles el testimonio de Dios, no fui con superioridad de palabra o de

> sabiduría. Porque nada me propuse saber entre ustedes excepto a Jesucristo, y Este crucificado. Estuve entre ustedes con debilidad y con temor y mucho temblor, y mi mensaje y mi predicación no fueron con palabras persuasivas de sabiduría, sino con demostración del Espíritu y de poder, para que la fe de ustedes no descanse en la sabiduría de los hombres, sino en el poder de Dios (1 Co. 2:1-5).

Pablo no creyó necesario imitar el estilo y la retórica de los filósofos. Él sabía que lo que realmente importaba era la *Palabra predicada* y no el *predicador de la Palabra.* En su propio estilo inigualable, Spurgeon lo expresa así:

> El poder del evangelio no radica en la elocuencia del predicador; de lo contrario, los hombres serían quienes convierten almas. Tampoco radica en la erudición del predicador; de lo contrario, consistiría en sabiduría de hombres. Podríamos predicar hasta que nuestra lengua se descompusiera, hasta agotar nuestros pulmones y morir, pero jamás se convertiría un alma a menos que el Espíritu Santo esté con la Palabra de Dios para darle el poder de convertir el alma.[3]

¿Puedes ver a Pablo en Corinto? ¿Puedes ver la mirada en los rostros de quienes lo oyeron hablar y realmente escucharon lo que decía? Él describió la reacción de ellos a su evangelio de esta manera: «Piedra de tropiezo para los judíos, y necedad para los gentiles. Sin embargo, para los llamados, tanto judíos como griegos, Cristo es poder de Dios y sabiduría de Dios. Porque la necedad de Dios es más sabia que los hombres, y la debilidad de Dios es más fuerte que los hombres» (1 Co. 1:23-25). El apóstol Pablo creía acertadamente que solo el evangelio puede poner a las personas a cuentas con Dios, transformar sus corazones, libertarlas de la esclavitud del pecado, capacitarlas con el Espíritu Santo que mora en el interior y darles gloria eterna.

3. Charles Spurgeon, "Election: Its Defenses and Evidences", sermón predicado en 1862.

PREDICACIÓN DOCTRINAL Y ORACIÓN

El Nuevo Testamento deja claro que lo que Dios ha ordenado para el crecimiento de su Iglesia es la *predicación doctrinal* cubierta de *oración.*

Consideremos primero el tema de la predicación doctrinal (que se analizará más detalladamente en el siguiente capítulo). Esto es lo que Pablo tenía en mente cuando dijo: «De esta iglesia fui hecho ministro... a fin de llevar a cabo la *predicación de* la palabra de Dios» (Col. 1:25, cursivas añadidas). Él no rehuyó «declararles todo el propósito de Dios» (Hch. 20:27). También vemos la predicación doctrinal en el ministerio de Juan el Bautista (Mt. 3:1), Jesús (Mt. 4:17), Pedro (Hch. 2:14-36), Esteban (Hch. 7:2-53) y Pablo (Hch. 28:31), quien exhortó a Timoteo a hacer lo mismo, es decir, «predicar la Palabra» (2 Ti. 4:2; cp. 1 Ti. 4:16). A lo largo del Nuevo Testamento, vemos que el contenido teológico doctrinal es el elemento imprescindible de la predicación, donde el mensaje del evangelio es el tema dominante.

Consideremos el contenido del sermón evangelístico de Pedro en Pentecostés. Allí él examinó las profecías de Joel que apuntaban a Jesús el Nazareno como el Mesías de Israel. Y a diferencia de muchos predicadores de hoy, no evadió la doctrina de la soberanía de Dios. Sin la menor ambigüedad, le dijo a su audiencia que la obra expiatoria de Cristo en la cruz fue de acuerdo con el plan predeterminado de Dios, ordenado en la eternidad pasada. Con valentía declaró: «Este fue entregado por el plan predeterminado y el previo conocimiento de Dios, y ustedes lo clavaron en una cruz por manos de impíos y lo mataron» (Hch. 2:23).

Luego añadió: «Sepa, pues, con certeza toda la casa de Israel, que a este Jesús a quien ustedes crucificaron, Dios lo ha hecho Señor y Cristo» (Hch. 2:36). ¡Adiós a ser *sensible a los buscadores!* En el transcurso de su sermón, también expuso las palabras de David acerca del Mesías e hizo exégesis del Salmo 16, donde el Señor habló proféticamente de su resurrección (lo que con claridad demostraba que Jesucristo sería levantado para reinar, no David). ¿Y cuál fue el resultado? Lucas responde:

> Al oír esto, conmovidos profundamente, dijeron a Pedro y a los demás apóstoles: «Hermanos, ¿qué haremos?». Entonces Pedro les

> dijo: «Arrepiéntanse y sean bautizados cada uno de ustedes en el nombre de Jesucristo para perdón de sus pecados, y recibirán el don del Espíritu Santo»... Y Pedro, con muchas otras palabras testificaba solemnemente y les exhortaba diciendo: «Sean salvos de esta perversa generación» (Hch. 2:37-40).

A continuación, Lucas describió las prioridades de su adoración: «Y se dedicaban continuamente a las enseñanzas de los apóstoles, a la comunión, al partimiento del pan y a la oración» (v. 42). El término «dedicaban» (una forma de *proskarteréo)* comporta la idea de una *resuelta entrega* y *afecto perseverante,* virtudes que los no salvados no comparten. En cada proclamación del evangelio registrada, el contenido de su instrucción incluía exposiciones del Antiguo Testamento, enseñanzas de la vida y el ministerio de Jesús, y nueva revelación dada por el Espíritu Santo a los apóstoles. Es así como Dios hace crecer su Iglesia.

Sin embargo, me temo que muchos pastores, en su búsqueda de la fórmula correcta para atraer a la multitud, han descuidado los medios divinos para el crecimiento de la Iglesia. Antes bien, han vendido su primogenitura por un plato de lentejas. A diferencia de Pablo, muchísimos predicadores no están controlados por un solo mensaje: «La predicación de la Palabra de Dios» (Col. 1:25), en cuyo centro está el evangelio de Dios. Al parecer, pocos entienden la importancia de sintetizar las grandes doctrinas de la soteriología bíblica con todas las demás magníficas doctrinas de las Escrituras, por las cuales se nos exhorta a «luchar ardientemente» (Jud. 3). Por desdicha, algunos líderes evangélicos ahora creen que *luchar ardientemente* provoca un ambiente hostil que es perjudicial para el evangelio. Una postura tan descaminada seguirá produciendo inimaginables formas de transigencia moral y religiosa.

Consciente de este peligro, el apóstol Pablo dijo: «estoy bajo el deber de hacerlo. Pues ¡ay de mí si no predico el evangelio!» (1 Co. 9:16). Él entendía que los pecadores deben ser confrontados con las grandes verdades doctrinales, como la soberanía de Dios y su santidad ofendida, la pecaminosidad del pecado, el seguro juicio de Dios, la brevedad de la vida, la gloria de la persona y obra de Cristo, y la promesa de la resurrección. El predicador debe ayudar a los pecadores a examinar sus corazones con absoluta honestidad para determinar si tienen o no un convencimiento de pecado y una adecuada relación con el Dios vivo. Él sabe que el evangelio no adulterado es el único mensaje que Dios usa para levantar a los espiritualmente muertos a la vida eterna. Jesús lo dejó claro: *un evangelio que transige engañará a muchos, y nunca salvará a los pocos* (Mt. 7:13-27). Las marcas claras, precisas y distintivas de un verdadero cristianismo frente a uno falso se deben definir con exactitud, especialmente hoy donde la línea de demarcación entre lo que *es* y lo que *no es* cristiano ha sido prácticamente eliminada.

Segundo, *es importante entender el rol indispensable de la oración respecto a la predicación.* Me parece bastante revelador que las estrategias populares de crecimiento de la Iglesia apenas enfaticen la oración ferviente en la predicación, y la mayoría no la mencionan en absoluto. ¿Cuándo fue la última vez que se dedicó una conferencia de pastores a la oración en la predicación? Al minimizar la necesidad de la oración, se pone en evidencia el engaño subyacente que sigue robándole el poder a la Iglesia: la creencia de que *los métodos humanos pueden producir conversiones e incluso avivamiento,* una idea que tanto las Escrituras como la historia demuestran que es falsa. La oración intercesora, que demuestra nuestra dependencia de Dios y la preocupación por los demás, es un rasgo sorprendente que se aprecia en todas las epístolas del Nuevo Testamento. La indispensable disciplina de la oración es lo que desata el insondable poder espiritual, que es el único que puede efectuar lo que el ser humano jamás podrá.

Jesús es nuestro ejemplo supremo. Aunque era Dios encarnado, la oración era vital para su predicación. Él entendía su total dependencia del Padre y el Espíritu Santo para llevar a cabo semejante labor. Por este motivo, Lucas registra que «con frecuencia Él se retiraba a lugares solitarios y oraba» (Lc. 5:16). Solo después que «pasó toda la noche en oración a Dios» (Lc. 6:12), predicó su gran sermón de la llanura (vv. 20-49). La oración precedió su anuncio acerca de que la Iglesia remplazaría temporalmente a Israel como el nuevo custodio de la verdad y poseería las llaves del reino (Mt. 16:18-19; Lc. 9:18). Solo después de orar, Jesús anunció su muerte inminente y resurrección, la prioridad de negarse a sí mismo, el peligro de exaltarse a sí mismo, el juicio para los que se avergüenzan de Cristo, y la promesa cierta de su glorioso regreso (Lc. 9:18, 22-27). Dada la prioridad que Jesús le daba a la oración, debemos cuidarnos de cualquier sentimiento de autosuficiencia que pudiera minimizar nuestra necesidad de permanecer en un espíritu de oración.

¿No dijo Jesús: «Pidan, y se les dará; busquen, y hallarán; llamen, y se les abrirá» (Mt. 7:7)? ¿No prometió también: «Todo lo que pidan en oración, creyendo, lo recibirán» (21:22)? ¿No nos ha dicho el apóstol Juan: «Esta es la confianza que tenemos delante de Él, que si pedimos cualquier cosa conforme a Su voluntad, Él nos oye» (1 Jn. 5:14)? Evidentemente, la oración debe ser una prioridad, en especial en nuestra predicación.

LA CRECIENTE BRECHA ENTRE LA IGLESIA Y LOS NO PRACTICANTES

Lamentablemente —aunque era de esperar—, existe una creciente brecha entre los practicantes y los no practicantes, aquellos que dicen ser cristianos, pero no asisten a los servicios de adoración. Si bien un pequeño porcentaje de los *no practicantes* solo son creyentes mundanos y espiritualmente inmaduros, *la mayoría no son salvos,* «cristianos» de nombre solamente. Jesús advirtió sobre esto cuando describió a los «pocos» que *encontrarían,* muchos menos *entrarían,* por la puerta estrecha del arrepentimiento genuino; en contraste con los «muchos» que entrarían por la puerta ancha y andarían por el camino amplio que lleva a la destrucción (Mt. 7:13-14). Luego Jesús añadió: «No todo el que me dice: "Señor, Señor", entrará en el reino de los cielos, sino el que hace la voluntad de Mi Padre que está en los cielos» (Mt. 7:21). Por lo tanto, es probable que la mayoría de los *no practicantes* entren en esa lamentable categoría del autoengaño (al igual que la mayoría de los «practicantes»).

Jesús dejó claro que la prueba decisiva de la genuina fe salvadora es hacer «la voluntad del Padre», lo que incluye muchas cosas reveladas en las Escrituras, especialmente tener un deseo apasionado de conocerlo, amarlo, servirle y adorarlo. Quien esté verdaderamente regenerado *querrá* hacer esto. Será la alegría de su corazón; no un *deber* sino un *deseo.* Los verdaderos cristianos *querrán* ser pastoreados por hombres piadosos; *querrán* crecer en la gracia y el conocimiento de Cristo, y tener comunión con otros creyentes. Al momento de la salvación, Cristo ubica a cada verdadero creyente en su cuerpo, la Iglesia, mediante el Espíritu Santo, quien luego hace su habitación en esa persona (1 Co. 12:13). Por lo tanto, naturalmente *querrán* ser parte de ese organismo vivo al que pertenecen. *Querrán* estimularse «unos a otros al amor y a las buenas obras, no dejando de congregar[se], como algunos tienen por costumbre» (He. 10:24-25). Cualquiera que no tenga interés en estas cosas no tiene sustento para afirmar tener una genuina fe salvadora. En lugar de decir que *no son practicantes,* sería más exacto decir que, tristemente, *no son salvos.*

Pero esta no es una postura sostenible con las iglesias que atienden a los *no practicantes.* Una vez más, quienes se atienen a esta terminología suponen que los no practicantes son verdaderos creyentes que meramente encuentran la iglesia aburrida, irrelevante e innecesaria. Esto se puede apreciar en la premisa implícita de un artículo sobre este tema en *The Barna Group,* que en parte dice: «Basado en más de dos décadas de investigación y rastreo, *The Barna Group* ha descubierto cambios reales y significativos en las actitudes, suposiciones, lealtades y conductas de los no practicantes». Luego el artículo describe cinco tendencias (solo he señalado los encabezados):

1. La secularización va en alza.
2. Las personas están menos abiertas a la idea de la iglesia.
3. Ir a la iglesia ya no es convencional.
4. Hay expectativas distintas de la participación en la iglesia.
5. Existe escepticismo sobre las contribuciones de la iglesia a la sociedad.[4]

A la luz de esta investigación, David Kinnamen, presidente de *The Barna Group y* coeditor, con George Barna, del libro *Churchless* (Sin

4. En línea, https://www.barna.com/research/five-trends-among-the-unchurched/. Recurso en inglés.

iglesia), de donde están tomados estos datos, dice: «¿Cómo podemos recapturar una urgencia por cumplir la Gran Comisión mientras tratamos con respeto a nuestros amigos sin iglesia?». Luego sugiere: «Lidiar con las respuestas a esta pregunta ayudará a preparar una comunidad de fe para tratar de manera más significativa a las personas no practicantes».[5]

¿Cómo, pues, podemos mostrar respeto y amor por «nuestros amigos sin iglesia»? ¿Qué deberíamos hacer para llegar a ellos? La respuesta bíblica es directa. Debemos hacer lo mismo que hicieron Jesús y los discípulos: *predicar a «Jesucristo, y Este crucificado»* (1 Co. 2:2; cursivas añadidas).

«Pero —dice el crítico— dada la creciente brecha entre los practicantes y los no practicantes, pareciera que el antiguo mensaje no está funcionando en esta cultura y debemos hacer las cosas de otra manera». ¡Falso! En la mayoría de los casos, el «antiguo mensaje» ni siquiera se está predicando. Pero donde sí es predicado, funciona precisamente como Dios lo ha planeado. Tal vez no está llenando iglesias y abarrotando estadios, pero el crecimiento numérico nunca es la medida del éxito para Dios. Jamás vemos en el registro del Nuevo Testamento algún elogio para una iglesia porque estaba creciendo en número. También se nos advierte que habrá épocas cuando la masa de cristianos profesos no soportará la sana doctrina (2 Ti. 4:3-4), y quizá, como nunca antes, ¡ahí es donde estamos!

Lo que debemos entender es que *cada persona que Dios ha elegido para salvación es salvada en el preciso momento que Él decretó.* Jesús lo dejó claro cuando dijo: «Todo lo que el Padre me da, *vendrá* a Mí» (Jn. 6:37; cursivas añadidas); al igual que los elegidos de Corinto, de quienes leemos: «Creyeron cuantos estaban ordenados a vida eterna» (Hch. 13:48). Podemos tener absoluta confianza en la elección soberana de Dios en la salvación «porque Dios [nos] ha escogido desde el principio para salvación mediante la santificación por el Espíritu y la fe en la verdad» (2 Ts. 2:13). Él es quien «nos escogió en Cristo antes de la fundación del mundo, para que fuéramos santos y sin mancha delante de Él» (Ef. 1:4).

5. Ibíd.

Por tanto, si bien jamás debemos ser pasivos o indiferentes, no hay necesidad de alarmarse por la creciente brecha entre los *practicantes* y los *no practicantes.* Cristo ha prometido: «Edificaré mi iglesia» (Mt. 16:18). Nunca debemos suponer que el evangelio tiene alguna deficiencia que requiera que lo reacomodemos para que supere la más reciente versión de resistencia cultural. Los no regenerados siempre han odiado la Palabra, porque odian a Cristo y a todos los que pertenecen a Él (Jn. 15:18-19). A pesar de su inevitable antipatía, todavía «la fe viene del oír, y el oír, por la palabra de Cristo» (Ro. 10:17). Jamás debemos olvidar que la predicación fiel de la Palabra de Dios *ha seguido* y *seguirá* endureciendo o ablandando los corazones humanos; lo uno o lo otro. Dios mismo ha afirmado esto por medio del profeta Isaías:

> Porque como descienden de los cielos la lluvia y la nieve,
> y no vuelven allá sino que riegan la tierra,
> haciéndola producir y germinar,
> dando semilla al sembrador y pan al que come,
> así será Mi palabra que sale de Mi boca,
> no volverá a Mí vacía
> sin haber realizado lo que deseo,
> y logrado el propósito para el cual la envié (Is. 55:10-11).

La seguridad de esta gloriosa promesa anima el corazón de todo pastor fiel cuando se para detrás del púlpito con su Biblia abierta y declara: «¡Así dice el Señor!». Debemos sembrar la semilla del verdadero evangelio, no algún híbrido artificial promocionado para crecer en cualquier suelo. Luego oramos para que Dios haga lo que solo Él puede hacer al producir su germinación en el suelo fértil de cada corazón que ha preparado por su amor electivo. Anclados firmemente en la Roca de Gibraltar de la gracia soberana, tenemos entonces total confianza en que Dios llevará a cabo todo lo que se ha propuesto. Porque «hemos obtenido herencia, habiendo sido predestinados según el propósito de Aquel que obra todas las cosas conforme al consejo de Su voluntad» (Ef. 1:11).

Cuando nos dirigimos a una audiencia, nunca sabemos quiénes

de entre los no salvados son elegidos. Pero sin duda algunos están allí, aun entre los grupos más hostiles. Algunos de nosotros estuvimos entre los burladores, pero Dios nos salvó. Esta realidad debería animar a cada ministro de la Palabra. Como la situación en Corinto, donde el Señor alentó a Pablo diciéndole: «No temas, sigue hablando y no calles; porque Yo estoy contigo, y nadie te atacará para hacerte daño, *porque Yo tengo mucha gente en esta ciudad*» (Hch. 18:9-10; cursivas añadidas).

PROFECÍA DE LA CRECIENTE BRECHA

La constante disminución de la asistencia a una iglesia que crea en la Biblia se conduce con la proliferante corrupción del pecado y la prometida acumulación de engaños y falsos maestros que caracterizarán el final de la historia humana (2 Ti. 3:1). Con el aumento de la secularización y el pluralismo religioso, muchos supuestos cristianos ahora rechazan la afirmación de que las Escrituras son la Palabra inspirada, inerrante, infalible, autoritativa y suficiente de Dios. Así que no tienen autoridad espiritual, excepto sus propias opiniones derivadas del entendimiento oscurecido de la carne y el diabólico sistema mundano de Satanás. En consecuencia, prefieren una nueva clase de espiritualidad, una que rechaza la revelación de Dios, especialmente la doctrina de la salvación. La idea de un Padre que sacrifica a su Hijo en una cruz para aplacar su ira se considera salvaje y totalmente incompatible con lo que enseñó Jesús.

Y quizá lo más ofensivo sea la doctrina de la depravación humana, que sostiene que los seres humanos son pecadores por naturaleza y están bajo la condenación de un Dios santo que los enviará al infierno a menos que se arrepientan y confíen en Cristo como Salvador. Crecientes números de personas que se hacen llamar «cristianas» consideran que esto es sumamente absurdo. Pero esto es de esperar de los que están espiritualmente muertos (Ef. 2:1), quienes son indiferentes a la verdad espiritual, como un cadáver en un ataúd (Ro. 8:7-8; 1 Co. 2:14; 2 Co. 4:4; Ef. 4:17-18). Solo el milagro divino de la regeneración puede recrear a los pecadores y revivirlos para Dios (2 Co. 4:6). ¡Es magnífico contemplar ese milagro!

Si a todo esto añadimos el tsunami de residuos morales y todo engaño espiritual imaginable que fluye a través de la Internet, no es de extrañar que exista un creciente resentimiento hacia las cosas de Dios. No es de extrañar que haya un descenso y una transformación de la Iglesia cristiana en algo que nunca se pretendió que fuera. Al comprometer el mensaje del evangelio para, de alguna forma, contener la oleada de resistencia, las iglesias han dejado de ser la Iglesia. Como consecuencia, han renunciado al poder del Espíritu y operan en la carne. Iglesias apóstatas como la de Laodicea (Ap. 3:14-22) e individuos apóstatas (He. 10:25-31; 2 P. 2:20-22) siempre han existido, y la apostasía (un abandono deliberado y total de la fe que se ha mantenido con anterioridad)[6] se seguirá intensificando en tanto que el mundo se prepara para el anticristo y «la apostasía» que él cometerá (2 Ts. 2:3). El uso de Pablo del artículo definido («la») indica un acto específico de apostasía que cometerá «el hombre de pecado» que será revelado, «el hijo de perdición. Este se opone y se exalta sobre todo lo que se llama dios o es objeto de culto, de manera que se sienta en el templo de Dios, presentándose como si fuera Dios» (vv. 3-4).

Pero antes de este acto de blasfemia sin precedentes que ocurrirá durante los juicios previos al reino, justo antes del retorno de nuestro Señor, las condiciones se seguirán deteriorando. La brecha entre los *practicantes* y los *no practicantes* seguirá creciendo. Y si uno considera que la mayoría de las iglesias presuntamente cristianas de hoy no son *verdaderas* iglesias del Nuevo Testamento y están más pobladas de cizaña que de trigo, la presente brecha es aún más grande de lo que se reporta. Pablo advirtió sobre esto cuando dijo:

> Pero debes saber esto: que en los últimos días vendrán tiempos difíciles. Porque los hombres serán amadores de sí mismos, avaros, jactanciosos, soberbios, blasfemos, desobedientes a los padres, ingratos, irreverentes, sin amor, implacables, calumniadores, desenfrenados, salvajes, aborrecedores de lo bueno, traidores, impetuosos, envanecidos, amadores de los placeres en vez de

6. John MacArthur y Richard Mayhue: editores generales, *Teología sistemática: Un estudio profundo de la doctrina bíblica* (Grand Rapids, MI: Editorial Portavoz, 2018), p. 942.

> amadores de Dios; teniendo apariencia de piedad, pero habiendo negado su poder. A los tales evita. Porque entre ellos están los que se meten en las casas y se llevan cautivas a mujercillas cargadas de pecados, llevadas por diversas pasiones, que siempre están aprendiendo, pero nunca pueden llegar al pleno conocimiento de la verdad (2 Ti. 3:1-7).

Antes del regreso de Cristo, las cosas no irán mejorando, sino que irán de mal en peor. Ninguna persona razonable e informada negaría la creciente hostilidad hacia los cristianos creyentes en la Biblia, en los Estados Unidos. De hecho, la persecución va en aumento alrededor del mundo. Pablo señaló: «Pero los hombres malos e impostores irán de mal en peor, engañando y siendo engañados» (2 Ti. 3:13). En su discurso en el Monte de los Olivos en Mateo 24, Jesús advirtió de que el período inmediatamente antes de su regreso se caracterizará por la persecución, la apostasía y la incredulidad. Pablo también advirtió de esto cuando dijo: «Todos los que quieren vivir piadosamente en Cristo Jesús, serán perseguidos» (2 Ti. 3:12).

Jesús también predijo que la verdadera fe será muy escasa cuando Él regrese: «cuando el Hijo del Hombre venga, ¿hallará fe en la tierra?» (Lc. 18:8). La escasez de la fe genuina que existirá en el mundo al regreso de Cristo se observa con mayor dramatismo aún en la profecía de Jesús en Lucas 17:26, donde declara: «Tal como ocurrió en los días de Noé, así será también en los días del Hijo del Hombre». ¡Qué mayor brecha entre *practicantes* y *no practicantes!* A pesar del gran número de personas que habitaban la tierra en los días de Noé, solo ocho fueron fieles. Solo ocho fueron rescatadas de las aguas del juicio divino.

No obstante, jamás se nos manda que cambiemos nuestro mensaje. Aun durante los últimos días del derramamiento de la ira de Dios sobre el mundo que rechaza rotundamente a Cristo, durante los juicios de tribulación previos a su retorno, el «evangelio eterno» será proclamado por un mensajero angelical:

> Después vi volar en medio del cielo a otro ángel que tenía un *evangelio eterno* para anunciarlo a los que moran en la tierra,

y a toda nación, tribu, lengua, y pueblo, que decía a gran voz: «Teman a Dios y den a Él gloria, porque la hora de Su juicio ha llegado. Adoren al que hizo el cielo y la tierra, el mar y las fuentes de las aguas» (Ap. 14:6-7, cursivas añadidas).

PALABRAS FINALES

Puesto que, en primer lugar, fue *consumido por la gloria de Dios* —el primer principio clave para el ministerio eficaz—, el apóstol Pablo estaba *contento con su sufrimiento, convencido de su llamado* y *controlado por un solo mensaje,* «Cristo, y Él crucificado». Esto, naturalmente, requiere de un apasionado compromiso de entender y explicar el mensaje evangélico revelado por Dios en cada página de las Escrituras. A causa de esto, Pablo también estaba *confiado en un solo método: la predicación doctrinal.* Esto no se puede hacer sin la fiel exposición de la Palabra, el quinto principio clave para el ministerio eficaz, sostenido en el siguiente capítulo.

¡OH, QUE TUVIERA LENGUAS MIL!

¡Oh, que tuviera lenguas mil
para poder cantar
las glorias de mi Dios y Rey,
y sus triunfos alabar!

Señor Jesús, ayúdame
tu nombre a proclamar
a todo el mundo en derredor,
tu grandeza ensalzar.

El dulce nombre de Jesús
nos libra del temor;
en las tristezas trae luz,
perdón al pecador.

Sobre pecado y tentación
victoria te dará.
Su sangre limpia al ser más vil;
¡gloria a Dios, soy limpio ya!

Habla el Señor, y oyéndole
los muertos vivirán.
A tristes almas da perdón,
creyendo gozarán.

Loor a Dios, gloria y amor
eternamente dad,
oh, santos que en la tierra están,
y en gloria celestial.

Letra original: Charles Wesley (1707-1788)

PRINCIPIO CLAVE #5:
Confiado en un solo método

A Él nosotros proclamamos, amonestando a todos los hombres, y enseñando a todos los hombres con toda sabiduría (Col. 1:28).

En un momento durante los primeros años de mi ministerio, leí un libro muy instructivo (todo predicador debe leerlo) escrito por John MacArthur Jr. y el profesorado de The Master's Seminary, titulado *La predicación: Cómo predicar bíblicamente.* En ese libro, leí una declaración escrita por un feligrés desconocido, que resaltaba con precisión la seria responsabilidad de la predicación bíblica, y ofrecía un plan sobre cómo ser eficaz en ese objetivo. El escritor decía:

> Arrójenlo a su oficina. Saquen el letrero de la puerta que dice «Oficina» y pongan uno que diga «Estudio». Sáquenlo de la lista de correo. Enciérrenlo con sus libros, su máquina de escribir y su Biblia. Derríbenlo sobre sus rodillas delante de textos, corazones rotos, el conjunto de vidas de un rebaño superficial, y un Dios santo.
>
> Oblíguenlo a ser el hombre que sabe de Dios en nuestras comunidades hastiadas. Láncenlo al cuadrilátero a boxear con Dios hasta que aprenda lo cortos que son sus brazos. Comprométanlo

a luchar con Dios toda la noche. Y déjenlo salir solo cuando esté quebrantado y golpeado para ser una bendición.

Acallen para siempre su boca de soltar opiniones, y refrenen para siempre su lengua de saltar ligeramente sobre cosas superfluas. Exíjanle que tenga algo que decir antes que se atreva a romper el silencio. Doblen sus rodillas en el valle desolado.

Quemen sus ojos con estudio agotador. Derrumben su estabilidad emocional con preocupación por Dios. Y háganlo cambiar su postura piadosa, por un humilde andar con Dios y los hombres. Que se gaste y sea desgastado por la gloria de Dios. Arranquen su teléfono. Quemen sus hojas de éxito eclesiástico. Echen agua en su tanque de gasolina. Denle una Biblia y amárrenlo al púlpito. ¡Y háganlo predicar la Palabra del Dios viviente!

Pruébenlo. Interróguenlo. Examínenlo. Humíllenlo por su ignorancia de las cosas divinas. Avergüéncenlo por su buena comprensión de las finanzas, promedios de bateo y disputas políticas internas. Ríanse de sus frustrados esfuerzos por actuar como psiquiatra. Formen un coro, eleven un canto y con él acósenlo día y noche: «Señor, queremos ver a Jesús».

Cuando por fin se atreva a probar el púlpito, pregúntenle si tiene una palabra de Dios. Si no la tiene, entonces despídanlo. Díganle que pueden leer los diarios por la mañana y digerir los comentarios de la televisión, y reflexionar sobre los problemas superficiales del día, y manejar las agotadas fuerzas de la comunidad, y bendecir las ruines papas cocidas y los porotos verdes, hasta el infinito, mejor que él.

Ordénenle que no regrese hasta que haya leído y releído, escrito y reescrito, hasta que pueda levantarse, desgastado y ruinoso, y diga: «Así dice el Señor». Quebrántenlo sobre el tablero de su popularidad mal habida. Abofetéenlo fuerte con su propio prestigio. Acorrálenlo con preguntas acerca de Dios. Cúbranlo de exigencias de sabiduría celestial. Y no lo dejen escapar hasta que su espalda esté contra el muro de la Palabra.

Y siéntense ante él a escuchar la única palabra que le queda: la Palabra de Dios. Manténgalo en total ignorancia de los chismes de la calle, pero denle un capítulo y ordénenle que camine

> en torno a él, que acampe sobre él, cene con él y al final llegue a recitarlo al derecho y al revés, hasta que todo lo que diga acerca de él resuene con la verdad eterna.
>
> Y cuando sea abrasado por la Palabra flameante, cuando al fin sea consumido por la gracia encendida que arde a través de él, y cuando obtenga el privilegio de traducir la verdad de Dios al ser humano, finalmente trasladado de la tierra al cielo, entonces cárguenlo con suavidad, toquen una trompeta muda y acuéstenlo delicadamente. Pongan una espada de doble filo en su ataúd y erijan la tumba triunfante. Porque él fue un valiente soldado de la Palabra. Y antes de morir, había llegado a ser un hombre de Dios.[1]

He leído y releído esa amonestación muchas veces. Captura perfectamente la esencia de la seria naturaleza del ministerio pastoral expuesto en el Nuevo Testamento y condensado en el testimonio de Pablo a los Colosenses, donde dice:

> A Él nosotros proclamamos, amonestando a todos los hombres, y enseñando a todos los hombres con toda sabiduría, a fin de poder presentar a todo hombre perfecto en Cristo. Con este fin también trabajo, esforzándome según Su poder que obra poderosamente en mí (Col. 1:28-29).

El perceptivo plan de aquel feligrés me motivó a pedir que inscribiera una porción del escrito en un trozo de bronce que adorna la repisa interna de mi púlpito hasta este día. Está ubicada en la parte superior, donde se puede ver fácilmente. La inscripción dice: *«Queremos ver a Jesús»*. Cada vez que lo leo, me recuerda la actitud apropiada necesaria para ser un fiel administrador de los misterios de Dios. Predicar es exhibir la gloria de *Cristo,* no atraer la atención hacia el predicador. Juan el Bautista lo dijo de manera excelente: «Es necesario que Él crezca, y que yo disminuya» (Jn. 3:30). Al igual que Pablo, quien se propuso no saber nada «entre ustedes excepto a

1. John MacArthur y el profesorado de The Master's Seminary: *Rediscovering Expository Preaching* (Dallas, TX: Word Publishing, 1992), pp. 348-349. Publicado en español por Grupo Nelson con el título *La predicación: Cómo predicar bíblicamente.*

Jesucristo, y Este crucificado» (1 Co. 2:2), nosotros proclamamos la gloria del Hijo, la Palabra encarnada, el Creador preexistente, autoexistente y no creado del universo: el *logos* divino (Jn. 1:1), «la Luz verdadera que, al venir al mundo, alumbra a todo hombre» (v. 9). Y esto sencillamente no se puede hacer sin la predicación, enseñanza y aplicación sistemática y profunda de la Palabra. Sin duda, el apóstol Pablo estaba *confiado en este solo método.*

A menos que los predicadores crean esto con todo su corazón, no son aptos para pararse detrás de un púlpito. Sin la fiel proclamación de la *verdad divina* —una convicción por la que vale la pena morir—, no tendrán ninguna autoridad ni poder, y la Iglesia seguirá perdiendo la escasa influencia que le queda en nuestro mundo posmoderno y sobre los creyentes que no están acostumbrados a escucharla, mucho menos a obedecerla. Como predicadores del evangelio, nunca debemos olvidar esto.

PABLO, EL MAESTRO DE LA EXPOSICIÓN

El apóstol Pablo fue un maestro de la exposición bíblica. Sus epístolas son esencialmente exposiciones bíblicas. A diferencia de los superficiales «sermoncillos para cristianillos» que habitualmente pasan por predicación estos días, él liberó la Palabra de Dios con convincente claridad y encendió el siglo I con el evangelio.

El término «exponer» significa literalmente *explicar o manifestar detalladamente.* La predicación expositiva es, entonces, una proclamación doctrinal de la Palabra de Dios derivada de un proceso exegético que solo se preocupa por la revelación de Dios, no la sabiduría humana. Por lo tanto, comunica cuidadosamente el significado que Dios pretende para un texto, el cual estará ligado a otras grandes doctrinas y verdades teológicas. Entonces, cuando el texto ha sido explicado con precisión, el predicador aplicará apasionadamente su significado a los asuntos contemporáneos de la vida.

Es lamentable que los pastores dedicados a predicar sana doctrina, al parecer, sean una especie en extinción. Tristemente, el evangelicalismo ha sido barrido gradualmente por la corriente de una cultura posmoderna que no quiere nada con absolutos morales o pretensiones de verdad autoritarias. En un esfuerzo por ser atrayente, sigue descartando cualquier cosa que huela a dogmatismo, especialmente la predicación doctrinal. D. A. Carson hace esta observación:

> En los últimos años, ha habido un importante impulso por abandonar la predicación expositiva en favor de lo que se denomina someramente predicación «narrativa». El diagnóstico es más o menos el siguiente: estos son tiempos posmodernos, caracterizados por el colapso de la confianza en el proyecto de la Ilustración y una certeza racional respecto a la «verdad». Por lo tanto, ahora los oyentes son más intuitivos que lógicos; se llega a ellos mediante imágenes e historias, más que mediante proposiciones y principios. Además, son alérgicos a las declaraciones autoritarias. Debemos adaptarnos a las sensibilidades menos racionales, no autoritarias y ávidas de narración, de nuestro tiempo.[2]

Ceder a la cultura siempre es una propuesta peligrosa, con muchas consecuencias colaterales para la Iglesia. Inevitablemente, la autoridad de las Escrituras es lo primero que se pierde. *Sola Scriptura* es remplazada por *sola cultura,* como bromeaba Os Guinness. Se han acabado los servicios de adoración reverentes donde las personas saben que están entrando en la presencia de un Dios infinitamente santo. Se ha acabado también todo enfoque en la majestad de Dios revelada en su Palabra. Hábiles empresarios con suficiente estilo para atraer a la cultura subjetiva e individualista han remplazado en buena medida a los grandes expositores bíblicos. La doctrina ha pasado; ha llegado el relativismo. Pero lo realmente irónico es esto: *los empresarios que han tratado de hacer la Iglesia más relevante para la cultura vendiendo una espiritualidad desconectada de la verdad bíblica, más bien, la han vuelto sumamente irrelevante.*

Existe un buen ejemplo de esto abordado por David Wells en su libro *El valor de ser protestante.* He resumido su análisis en los siguientes párrafos:

2. D. A. Carson, *Gospel-Centered Ministry* (Wheaton, IL: Crossway, 2011) por The Gospel Coalition / (Monergism).

[Un pastor...] hizo un descubrimiento más que sorprendente... usando una herramienta del mundo de los negocios. Se encuestó a más de 11.000 miembros retirados y presentes de la [iglesia] que él había fundado... y quedó impactado al descubrir que no había una correlación entre los números crecientes que veía... y la prueba de que estuvieran madurando en la fe. En efecto, la asistencia a la iglesia influía poco en el amor de ellos hacia Dios y los demás. Al menos eso es lo que dijeron. [El pastor] concluyó que la iglesia había desempeñado un importante rol para muchos al comienzo de su vida espiritual, pero esta importancia declinó a medida que avanzaban. Resultó que la iglesia era un lugar donde comenzar, pero no realmente un lugar donde quedarse.

Me parece que fue un descubrimiento devastador. El experimento de [este pastor] estaba produciendo pigmeos, a menos que ellos mismos se hicieran cargo del asunto y buscaran el crecimiento sin la ayuda de la iglesia. Pero ¿debería sorprendernos? ¿Quién podría imaginar seriamente que un hábil enfoque empresarial, con la mentalidad de querer acomodar nuestro mensaje al ajetreado cronograma de las personas, iba a producir algo distinto? Por supuesto que el cristianismo resultante de algo como esto va a ser pequeño, encogido, estrecho y limitado. No será capaz de mandatar cómo se debe vivir la vida en nuestro mundo complejo, escabroso y altamente exigente.

Ese es siempre el problema con este tipo de experimento. La forma modifica enormemente el contenido. La música puede ser profesional, el servicio convenientemente breve, los sketches y las actuaciones siempre muy profesionales, pero esta forma realmente socava la seriedad de la fe. En este mundo de mercadotecnia, la forma es en realidad el producto, desde luego, prácticamente el único producto. El «producto» no es realmente la fe. Es el envoltorio en el que supuestamente viene la fe. Pero la forma remplaza el contenido o «producto». En este mercado, la venta se debe hacer rápido y con el mínimo de dolor posible, porque los clientes tienen comezón en los pies. Eso obstaculiza enormemente la profundidad que cualquier iglesia puede alcanzar. Y por eso se abrió un gran cisma entre los mercaderes de la

> iglesia y la ortodoxia protestante histórica. No es tanto que las verdades de esta ortodoxia fueran atacadas, sino que parecían irrelevantes para la edificación de la iglesia. Más aún, parecía que se interponían en su camino al éxito.[3]

Como pastores, con nuestro amor por Cristo y su Gran Comisión animando nuestros corazones, todos queremos alcanzar a los perdidos con el evangelio y enseñar a los creyentes a obedecer todo lo que el Señor ordena. Conocemos de primera mano el poder de la gracia salvadora que transforma la vida. Pero debemos tener cuidado. Debemos mirar más allá de la mentalidad tecnológica, adicta al entretenimiento, aborrecedora de la verdad, ensimismada y narcisista de nuestra cultura, y recordar que estas personas luchan con toda la miseria asociada a su pecado y el mundo que aman, el cual odia a Dios. Vivimos entre ellos; algunos asisten a nuestra iglesia. Debemos amarlos, orar por ellos y entregarles el evangelio. Están lastimados, confundidos, frustrados, enojados, deprimidos, adictos, solitarios, desconectados. Cualquiera que sea el mal, ellos luchan con eso. Aunque están demasiado ciegos para verlo, necesitan a Cristo y a Él crucificado. Y es nuestra responsabilidad darles a probar la gloria que podría ser de ellos.

LA BATALLA POR LA MENTE

Está claro que la mente es el campo de batalla por el que debemos luchar. En la evangelización debemos recordar: «El dios de este mundo ha cegado el entendimiento de los incrédulos, para que no vean el resplandor del evangelio de la gloria de Cristo, que es la imagen de Dios» (2 Co. 4:4). Quizá el mayor ejemplo de esto sea la nueva espiritualidad de nuestro mundo posmoderno, donde en los Estados Unidos «el ochenta por ciento cree que una persona debería llegar a sus propias creencias con independencia de cualquier autoridad externa, tal como

3. David F. Wells, *The Courage to Be Protestant: Reformation Faith in Today's World*, 2.da edición (Grand Rapids, MI: William B. Eerdmans Publishing Company, 2017), pp. 9-10. Publicado en español por Publicaciones Andamio con el título *El valor de ser protestante.*

una iglesia. De hecho, el sesenta por ciento dice que, dado que todos tenemos a Dios en el interior, las iglesias son innecesarias».[4]

Si bien la mente natural está oscurecida en su entendimiento (Ef. 4:18), aun la mente renovada es vulnerable a los dardos encendidos de Satanás (Ef. 6:16; 2 Co. 11:3). Piensa en los interminables engaños que conducen a los creyentes a lugares ruines que ellos mismos nunca habrían elegido. Por este motivo, Pedro hace una fuerte amonestación: «Por tanto, preparen su entendimiento para la acción. Sean sobrios en espíritu, pongan su esperanza completamente en la gracia que se les traerá en la revelación de Jesucristo» (1 P. 1:13).

No hace falta decir que nuestro gran adversario el diablo (1 P. 5:8), «el padre de la mentira» (Jn. 8:44), siempre está compitiendo con cualquiera que ose proclamar la verdad. A pesar de todos los beneficios de los aparatos electrónicos, estoy convencido de que el uso de teléfonos inteligentes y el acceso a la Internet que proveen (incluidas las redes sociales) están entre las mayores armas del arsenal de Satanás. En conjunto, facilitan un sinfín de oportunidades para *distraer, engañar* y *trivializar.* Hoy las personas viven en un mundo cibernético donde crean su propia realidad e, inadvertidamente, quedan vulnerables a toda forma de engaño concebible. Pero no tenemos razón para rendirnos. Tenemos las armas «poderosas en Dios» del Espíritu y su Palabra, que están a nuestra disposición «para la destrucción de fortalezas; destruyendo especulaciones y todo razonamiento altivo que se levanta contra el conocimiento de Dios» (2 Co. 10:4-5).

En contraste con los modos contemporáneos de evangelización y predicación, en las Escrituras vemos algo muy diferente. Dado que la incredulidad del hombre es una consecuencia de la caída y no de su entorno, la predicación con entretenimiento que elude la *mente* y apela a las *emociones* es peligrosa y ajena a la Biblia. Si no hay una verdadera comprensión intelectual de la culpa y la condenación delante de un Dios santo, el arrepentimiento genuino no puede ocurrir. Por ejemplo, los incrédulos deben entender la realidad del verdadero evangelio, donde una explicación de la «ira de Dios» antecede a una del «amor de Dios», a la inversa de lo que se predica habitualmente. Mi punto es

4. Ibíd., p. 149.

simplemente este: los pecadores primero deben *escuchar* estas verdades a fin de *creerlas* y llegar a un lugar de genuino *arrepentimiento* y *fe* en Cristo (Ro. 10:17). Como ha declarado John MacArthur:

> La salvación es para personas que odian su pecado. Es para individuos que entienden que han vivido en rebelión contra un Dios santo. Es para aquellos que quieren dar la vuelta y vivir para la gloria de Dios... La evangelización debe tomar al pecador y medirlo contra la perfecta ley de Dios para que pueda ver su propia deficiencia.[5]

A lo largo de todo el Nuevo Testamento, continuamente somos testigos de que el Espíritu Santo usa su Palabra para penetrar en la *mente* a fin de que los pecadores y los santos comprendan las Escrituras y apliquen la verdad a sus vidas. Esto estaba en el centro de la oración de Pablo por los santos, que ellos sean «capaces de comprender con todos los santos cuál es la anchura, la longitud, la altura y la profundidad, y de conocer el amor de Cristo que sobrepasa el conocimiento, para que sean llenos hasta la medida de toda la plenitud de Dios» (Ef. 3:18-19).

La *mente* es la clave para el crecimiento espiritual; por eso la exposición bíblica es tan crucial. La predicación expositiva depende únicamente del Espíritu para que aplique la verdad a la conciencia de un individuo, la cual posee una percepción instintiva de la ley de Dios y le advierte cuando la infringe (Ro. 2:14-16). La exposición se dirige «a la conciencia de todo hombre en la presencia de Dios» (2 Co. 4:2) y deja a la persona cara a cara con certezas doctrinales innegables que endurecerán o ablandarán su corazón (Is. 55:11).

El gran expositor británico Martyn Lloyd-Jones diagnosticó acertadamente este peligro:

> La religión actual muy a menudo adormece la conciencia en lugar de despertarla. Y produce un sentido de autosatisfacción y

5. John MacArthur, *The Gospel According to Jesus* (Nashville, TN: Nelson, 1993), p. 84. Publicado en español por Casa Bautista de Publicaciones con el título *El evangelio según Jesucristo*.

> seguridad eterna, en lugar de un sentido de indignidad y la probabilidad de condenación eterna… Hay algo todavía peor que eso en la situación, a mi modo de ver, y es que la predicación de hoy ni siquiera molesta a los hombres, sino que los deja precisamente donde están, sin una arruga y sin la menor inquietud… Se considera a la iglesia como una especie de dispensario donde se distribuyen medicamentos y calmantes, y donde todos deberían ser aliviados y confortados. Y el único tema de la iglesia debe ser «el amor de Dios». Cualquiera que por casualidad rompa estas reglas y produzca un efecto inquietante en los miembros de su congregación es considerado como una persona objetable.[6]

Sin duda esta clase de predicación doctrinal es escasa en el evangelicalismo contemporáneo que se ha acostumbrado a la predicación entretenida y a la superficialidad de PowerPoint. Sin embargo, dado que este fue el método ejemplificado en la Biblia (Neh. 8:8; Hch. 7:2-53; 8:27-35; 20:26-27; Lc. 4:16-22; 24:27, 32, 44-47), y dado que tenemos un mandato divino de «predicar la Palabra» (2 Ti. 4:2), yo creo que este es el método ordenado por Dios con el que los pastores deben comprometerse. Pedro captura este punto en su exhortación: «El que habla, que hable conforme a las palabras de Dios» (1 P. 4:11).

Por otra parte, esto concuerda con el énfasis de Pablo en que la *mente* es el principal camino al crecimiento espiritual. Esto lo vemos en su exhortación a los santos en Roma, y por extensión, a todos nosotros hoy. Allí él habla directamente de la prioridad de que nos ofrezcamos a Dios como un «sacrificio vivo y santo» (Ro. 12:1), advirtiéndonos de dos importantes imperativos invariables: «No se adapten a este mundo, sino transfórmense mediante la renovación de su mente, para que verifiquen cuál es la voluntad de Dios: lo que es bueno y aceptable y perfecto» (Ro. 12:2).

El verbo «adapten» traduce el verbo griego *synjematízo,* que significa «asumir cierta forma».[7] Describe una mascarada, el desempeño

6. Iain H. Murray, *The Life of Martyn Lloyd-Jones,* (Edimburgo: The Banner of Truth Trust, 2013), p. 130.

7. James Strong, *The New Strong's Expanded Exhaustive Concordance of the Bible* (Nashville, Thomas Nelson Publishers, 2001), p. 244.

de un rol o actuar una escena según un guion. En este contexto, se refiere a asumir una expresión o forma externa que no proviene del interior ni refleja una realidad interna. Pablo está diciendo: «No se permitan convertirse en algo en lo exterior que no son en lo interior». La preposición prefijada *syn* añade al significado del verbo la idea de asumir una expresión o forma moldeada según algo, en este caso, «el mundo» *(aión)*, el cual G. C. Trench describe como:

> Esa masa flotante de pensamientos, opiniones, máximas, especulaciones, esperanzas, impulsos, objetivos, aspiraciones, presentes en cualquier momento en el mundo, que puede ser imposible captar y definir con precisión, pero que constituye un poder sumamente real y efectivo, es la atmósfera moral o inmoral que en cada momento de nuestra vida inhalamos, y que es inevitable de exhalar nuevamente.[8]

Contrario a permitirnos una adaptación a este mundo, Pablo exhorta a los creyentes: «Transfórmense mediante la renovación de su mente». El término «transfórmense» traduce el griego *metamorfousthe* (lit. «estén transformándose continuamente»), de donde proviene la palabra «metamorfosis», que significa «remodelar» o «cambiar de forma».[9] En este contexto, connota un *cambio en la apariencia exterior que refleja una naturaleza interior,* como una oruga que se convierte en mariposa.

Mateo usó esta palabra para describir la transfiguración de Jesús: «Delante de ellos se transfiguró; y Su rostro resplandeció como el sol y Sus vestiduras se volvieron blancas como la luz» (Mt. 17:2). El esplendor de la naturaleza interior glorificada de Cristo se manifestó de pronto; una magnífica ilustración de cómo debe manifestarse en nuestra vida nuestra naturaleza interior redimida, en cualquier grado posible; una materialización sobrenatural que, al final, caracterizará nuestro estado glorificado.

---

8. G. C. Trench, *Synonyms of the New Testament* (Grand Rapids, MI: Eerdmans, 1973), pp. 217-18.

9. James Strong, *The New Strong's Expanded Exhaustive Concordance of the Bible* (Nashville, Thomas Nelson Publishers, 2001), p. 162.

Además, puesto que el imperativo de Pablo está en voz pasiva, podemos entender mejor el profundo beneficio de su amonestación. Él está diciendo que debemos permitirnos experimentar un cambio radical y completo, en el cual *llegamos a ser en el exterior lo que realmente somos en el interior.* Nuestra conducta externa debe reflejar nuestra naturaleza interior redimida, que un día resplandecerá como la inefable gloria de Cristo, a quien hemos estado unidos por siempre. ¿Cómo sucede esto? «*Mediante la renovación de su mente*». El término «renovación» (*anakaínosei)* significa causar que algo se vuelva nuevo y diferente, con la implicación de que se vuelve superior.

Por lo tanto, en este contexto, Pablo hace un agudo contraste con estos verbos. Él advierte sobre una *conformidad exterior* con el mundo *llevada a cabo por el mundo mismo,* que *no* refleja acertadamente la nueva naturaleza, en contraposición con una continua *transformación interior llevada a cabo por la renovación de la mente, q*ue *sí* refleja acertadamente la nueva naturaleza. Para parafrasear el significado, Pablo está diciendo: «No permitan que el mundo los amolde a su imagen y los haga ser lo que ustedes no son; antes bien, mediante el poder del Espíritu y su verdad, que la continua renovación de su mente los haga manifestar lo que realmente son, una nueva criatura en Cristo, vestidos de justicia».

LA OBRA CAPACITADORA DEL ESPÍRITU MEDIANTE SU PALABRA

La débil predicación no doctrinal que solo apela a las emociones obviamente no puede efectuar nada de esto. Tal metamorfosis interior es el resultado de una constante renovación de la mente, capacitada por el Espíritu Santo y el poder santificador de su Palabra. Él es el *agente* de regeneración y santificación, y su Palabra es su *instrumento* sobrenatural. Él es quien impulsa una *manifestación externa de santidad* por medio de una *transformación interna de nuestra mente.* Esta es la obra de santificación, una consecuencia de una forma de pensar radical y diferente, una actitud y disposición totalmente nueva (2 Co. 5:17). En definitiva: *una transformación real y duradera de la vida sencillamente no puede ocurrir sin una continua renovación de la mente.*

Pablo reitera esta magnífica verdad en 2 Corintios 3:18: «Pero todos nosotros, con el rostro descubierto, contemplando como en un espejo la gloria del Señor, estamos siendo transformados en la misma imagen de gloria en gloria, como por el Señor, el Espíritu». Esto refiere a la obra interior de santificación progresiva que efectúa el Espíritu, quien ilumina la mente de los creyentes para que podamos entender las Escrituras cuando las escuchamos o las leemos (1 Co. 2:13-16; Sal. 119:130; Ef. 1:18-19; 1 Jn. 2:27). Por medio de esto, somos capaces de ver la gloria de Dios manifestada en el rostro de Cristo y somos más transformados a su semejanza. La obra de iluminación del Espíritu actúa en concierto con aquellos que se empeñan en el estudio bíblico serio (2 Ti. 2:15) y con hombres dotados que han sido llamados a enseñar su Palabra (Ef. 4:11-12; 2 Ti. 4:2).

Sin duda, la mente es crucial en la obra de santificación y no puede ser eludida. Debe ser el objetivo principal de todo predicador. Incluso se nos manda: «Piensen en las cosas del cielo, no en las de la tierra» (Col. 3:2, NTV). Esto lo hacemos meditando en la Palabra de Dios, que produce la *mente de Dios* en nuestro interior (Sal. 119). Debemos meditar en su persona (Sal. 27:4; 63:6), su Palabra (Jos. 1:8; Sal. 1:2) y sus obras (Sal. 143:5; 145:5).

Pero a causa de nuestra naturaleza pecaminosa, nuestra mente tiende a enfocarse en lo temporal y pasajero. Las tentaciones del mundo nos atraen naturalmente, como una llama a una polilla. En consecuencia, la seria responsabilidad del predicador es liberar la palabra sobre el rebaño y dejar que haga lo que solo ella puede hacer mediante la obra del Espíritu. Por medio de la cuidadosa exposición de los textos bíblicos, el Espíritu altera la mirada natural de la carne y hace que las personas *no* pongan su «vista en las cosas que se ven, sino en las que no se ven. Porque las cosas que se ven son temporales, pero las que no se ven son eternas» (2 Co. 4:18). *¡Esto no puede suceder sin la predicación doctrinal que se enfoca primordialmente en el carácter de Dios y su glorioso plan de redención!*

Como predicadores, debemos entender que son las *proposiciones* teológicas las que definen el cristianismo, *no la experiencia.* Solo cuando conocemos la Palabra de Dios podemos verificar «cuál es la voluntad de Dios: lo que es bueno y aceptable y perfecto» (Ro. 12:2).

Y cuando su voluntad se vuelve nuestra voluntad, nuestro «sacrificio vivo y santo» es «aceptable a Dios» porque es una expresión de su naturaleza que ahora se ha vuelto nuestra mediante el milagro de la regeneración. Solo entonces podemos ser «sal y luz» (Mt. 5:13-14), purificando e iluminando la cultura contemporánea.[10]

Pablo quiere que entendamos estas verdades espirituales básicas, porque son fundamentales para nuestra santificación y ministerio. No podemos presentarnos como un «sacrificio vivo y santo» que sea «aceptable a Dios» si nos permitimos «adaptarnos a este mundo». Además, ningún verdadero creyente se negará a permitirle al Espíritu Santo que renueve su mente. Aquellos que están en conformidad con el Espíritu fijan su mente en las cosas del Espíritu. Es algo natural para ellos, tan natural como es para los que andan conforme a la carne fijar la mente en las cosas de la carne (Ro. 8:5-8, 12-14).

Pablo se quejaba de los cristianos profesos que, en realidad, eran enemigos de la cruz de Cristo, porque fijaban la mente en las cosas terrenales (Fil. 3:18-19). La carne hará guerra contra el Espíritu, pero no puede vencerlo porque Dios obra en nosotros tanto el querer como el hacer, según su buena intención. Puesto que el verdadero creyente desea hacer la voluntad de Dios, tendrá hambre de su Palabra. La razón por la que el verdadero cristiano ama la Biblia por sobre cualquier otro libro en el mundo es que ella es la leche pura de la Palabra. Esto es lo que más anhelan los verdaderos creyentes. En ningún otro lugar, pueden hallar cuál es la mente y la voluntad de Dios para sus vidas. A menos que las personas tengan primero un deseo producido por el Espíritu de hacer la voluntad de Dios, jamás colmarán su mente de la Palabra de Dios. Ellos leen y estudian la Biblia para conocerla, no como eruditos o teólogos, sino como cristianos: para vivirla, no para criticarla o cuestionarla.

Pablo hablaba de esto a menudo. Como se mencionó antes, él les dijo a los colosenses: «A Él nosotros proclamamos, amonestando a todos los hombres, y enseñando a todos los hombres con toda sabiduría, a fin de poder presentar a todo hombre perfecto en Cristo»

10. R. H. Mounce, *Romans*, vol. 2 (Nashville, TN: Broadman & Holman Publishers, 1995), p. 232.

(Col. 1:28), y de nuevo en 3:16: «Que la palabra de Cristo habite en abundancia en ustedes, con toda sabiduría enseñándose y amonestándose unos a otros con salmos, himnos y canciones espirituales, cantando a Dios con acción de gracias en sus corazones». Aquí vemos que esta transformación (este continuo proceso de renovación) tiene tanto un componente *moral* como uno *intelectual.*

Asimismo, Jesús oró al Padre: «Santifícalos en la verdad; Tu palabra es verdad» (Jn. 17:17). Esto requiere una comprensión intelectual de la verdad proposicional. Por inspiración del Espíritu, Pedro comunicó lo mismo cuando dijo:

> Por tanto, preparen su entendimiento para la acción. Sean sobrios en espíritu, pongan su esperanza completamente en la gracia que se les traerá en la revelación de Jesucristo. Como hijos obedientes, no se conformen a los deseos que antes tenían en su ignorancia, sino que así como Aquel que los llamó es Santo, así también sean ustedes santos en toda su manera de vivir. Porque escrito está: «Sean santos, porque Yo soy santo» (1 P. 1:13-16)

Una vez más, la mente no puede ser renovada sin la fiel exposición de la verdad de manera continua. Esta es la gran responsabilidad del predicador. Dado que nadie tiende automáticamente hacia la santidad, debemos comprometernos con ella sometiéndonos al Espíritu Santo a cada momento, en tanto que Él se nos revela mediante su Palabra (Gá. 5:16). Por esto es tan crucial la predicación expositiva doctrinal.

CONFIANZA DE PABLO EN LA PREDICACIÓN EXPOSITIVA

Pablo era predicador de «la Palabra de Dios» (*ho logos tou theou)*, una frase usada más de cuarenta veces en el Nuevo Testamento. Desde luego, Jesús también la predicó (Lc. 5:1), lo mismo que los apóstoles (Hch. 4:31; 6:2). Esta era la revelación de Dios transmitida a los profetas y apóstoles mediante el Espíritu de Dios.

Puesto que «toda Escritura es inspirada por Dios y útil para enseñar, para reprender, para corregir, para instruir en justicia» (2 Ti. 3:16), cada predicador del Nuevo Testamento la proclamó con cuidadosa precisión para asegurarse de que fuera entregada de la misma forma en que originalmente fue recibida (2 Co. 2:17; 4:2). Pablo reconocía que había recibido «una revelación de Jesucristo» (Gá. 1:12); en consecuencia, dada la fuente sobrenatural de la verdad revelada, amonestó a Timoteo: «Procura con diligencia presentarte a Dios aprobado, como obrero que no tiene de qué avergonzarse, que maneja con precisión la palabra de verdad» (2 Ti. 2:15).

Lamentablemente, esta advertencia no ha sido atendida en las filas del evangelicalismo, y la proliferante bacteria del error infectó la Iglesia. La fétida pestilencia de la hipocresía ahora contamina el mismo aire que respiramos. Muchos evangélicos ni siquiera pueden concordar en la definición de «cristiano», lo cual lógicamente confunde la definición misma de «la iglesia del Dios vivo, columna y sostén de la verdad» (1 Ti. 3:15). Cuando una mera profesión de fe —no acompañada de la validación de una vida cambiada— puede definir a un «cristiano», la Iglesia se convierte en el lugar más peligroso de la tierra, una incubadora de falsas profesiones y una fe muerta que no lleva a la salvación. La predicación expositiva es el único género declarativo ordenado por Dios que puede proteger de esto.

Dada la permanente amenaza de transigencia y engaño satánico, los pastores deben estar aún más comprometidos con este tipo de predicación. Por eso debemos entregarnos «a la oración y al ministerio de la palabra» (Hch. 6:4). Como se dijo antes, el apóstol Pablo entendía esto. Lo vemos en su testimonio: «De esta iglesia fui hecho ministro conforme a la administración de Dios que me fue dada para beneficio de ustedes, a fin de llevar a cabo la predicación de la palabra de Dios» (Col. 1:25). Más adelante se explayó sobre esta convicción y dijo:

> A Él nosotros proclamamos, amonestando a todos los hombres, y enseñando a todos los hombres con toda sabiduría, a fin de poder presentar a todo hombre perfecto en Cristo. Con este fin también trabajo, esforzándome según Su poder que obra poderosamente en mí (Col. 1:28-29).

El énfasis primordial del ministerio de Pablo se resume en tres verbos: *proclamar, amonestar* y *enseñar*. ¡Muy claro y simple! Este es el método de Dios para edificar su Iglesia, para dar crecimiento a sus redimidos y llevarlos a la madurez y semejanza de Cristo.

Aunque la *proclamación* de Pablo incluía predicación, también se extendía más allá para incluir cualquier forma de declaración pública, como implicaba el verbo *katanguélo* («proclamar»). Pero también incorporaba «amonestar» y «enseñar», que son esencialmente sinónimos que significan «instruir».

«Amonestar» (*noutheteo*) comporta la idea de advertir, exhortar, alentar o corregir, que era uno de los principales aspectos del ministerio de Pablo. Por ejemplo, en Hechos 20:31 aprendemos lo mucho que lo apasionaba esto: «Por tres años, de noche y de día, no cesé de amonestar a cada uno con lágrimas». También exhortó a los colosenses diciendo: «Que la palabra de Cristo habite en abundancia en ustedes, con toda sabiduría enseñándose y amonestándose unos a otros» (Col. 3:16; cp. 2 Ts. 3:14-15; Ro. 15:14).

Asimismo, «enseñar» (*didásko*) conlleva muchas de las mismas implicaciones, pero añade el énfasis de impartir una verdad doctrinal práctica «con toda sabiduría, a fin de poder presentar a todo hombre perfecto en Cristo» (Col. 1:28). Si bien la *amonestación* y la *enseñanza* son responsabilidad de todo creyente y están en el centro mismo de la Gran Comisión (Mt. 28:20), es la tarea primordial de los pastores fieles. Un supervisor debe ser capaz de «retener la palabra fiel que es conforme a la enseñanza, para que sea capaz también de exhortar con sana doctrina y refutar a los que contradicen» (Tit. 1:9; cp. 1 Ti. 3:2). Esto es inherente al claro llamado de Pablo a la predicación expositiva registrado en 1 Timoteo 4:13, donde le escribe a Timoteo: «Entretanto que llego, ocúpate en la lectura de las Escrituras, la exhortación y la enseñanza». Debemos *leer, explicar* y *aplicar* la Palabra de Dios. Dado que esto es tan importante, él luego exhorta al joven pastor: «Ten cuidado de ti mismo y de la enseñanza. Persevera en estas cosas» (v. 16).

Pablo confiaba en este único método, que yo prefiero condensar bajo el título de predicación expositiva. Él estaba dedicado a *proclamar, amonestar* y *enseñar*. Como pastores, debemos hacer lo mismo.

Esto es mucho más que solo abarcar material, o difundir datos teológicos o guiar discusiones. Es mucho más que pasearse sobre un escenario compartiendo ideas al azar y hacerse el gracioso con el público. Tenemos la solemne responsabilidad de conocer la Palabra y hacerla vivir en la mente de nuestros oyentes para que eche raíces en sus corazones y produzca mucho fruto para la gloria de Dios.

OTROS EJEMPLOS DE PREDICACIÓN EXPOSITIVA EN LAS ESCRITURAS

El espíritu de la predicación expositiva como el medio primordial por el cual el rebaño es alimentado y nutrido espiritualmente se puede apreciar en el relato del Antiguo Testamento sobre el avivamiento. Esto aconteció entre el remanente judío que regresó a Jerusalén después de setenta años de cautividad en Babilonia, bajo el liderazgo de Nehemías. Lo realmente fascinante es cómo Dios llevó a cabo un avivamiento mediante la exposición de su Palabra por parte de un escriba llamado Esdras, un hombre que «había dedicado su corazón a estudiar la ley del Señor, y a practicarla, y a enseñar Sus estatutos y ordenanzas en Israel» (Esd. 7:10). Nehemías describe un sermón de al menos seis horas donde todo el pueblo recibió la exposición de Esdras, mientras él leía «en el libro de la ley de Dios, interpretándolo y dándole el sentido para que entendieran la lectura» (Neh. 8:8).

Si bien algunos en el remanente hablaban arameo durante su exilio y pueden haber necesitado ayuda con la traducción, el sentido que comunica la frase «interpretándolo y dándole el sentido para que entendieran la lectura» (v. 8) comporta la idea de *exposición.* La palabra «interpretándolo» (de la raíz hebrea *parásh)* significa *distinguir, declarar.*[11] Esdras literalmente explicaba o exponía el significado de la Palabra de Dios para que el pueblo pudiera entenderla. La respuesta fue la que cabía esperar, «porque todo el pueblo lloraba al oír las palabras de la ley» (v. 9). Aquí radica el poder de la Palabra. Como predicadores doctrinales debemos seguir el ejemplo de Esdras.

11. James Strong, *The New Strong's Expanded Exhaustive Concordance of the Bible* (Nashville, Thomas Nelson Publishers, 2001), p. 232.

También debemos imitar a Jesús, quien habló con los confundidos hombres en el camino a Emaús: «Comenzando por Moisés y continuando con todos los profetas, les explicó lo referente a Él en todas las Escrituras» (Lc. 24:27). Una vez más, la respuesta es habitual. Ellos reflexionaron sobre lo que acababa de suceder y se dijeron el uno al otro: «¿No ardía nuestro corazón dentro de nosotros mientras nos hablaba en el camino, cuando nos abría las Escrituras?» (v. 32). De manera similar, cuando Jesús se apareció a sus discípulos después de resucitar, Él «les abrió la mente para que comprendieran las Escrituras» (v. 45). Armados con la verdad y más tarde potenciados por el Espíritu en su interior, ellos remecieron el mundo por Cristo.

En el Nuevo Testamento vemos ejemplos de predicación expositiva. Consideremos el sermón de Jesús en la sinagoga (Lc. 4:16-22), los sermones de Pedro (Hch. 2:14-36), Esteban (Hch. 7:2-53), Felipe (Hch. 8:31-35), Pablo (Hch. 17:16-31) y Santiago (Hch. 15:14-21). En efecto, las epístolas del Nuevo Testamento eran esencialmente exposiciones escritas. Cuando esta clase de predicación expositiva está ausente en los púlpitos evangélicos, la iglesia se debilita, y Cristo es deshonrado.

LA PREDICACIÓN NO DOCTRINAL PRODUCE UN ÁRBOL ESTÉRIL

En incontables ocasiones he tenido la experiencia de presenciar el poder transformador de la predicación doctrinal en mi vida y en la vida de aquellos a quienes tengo el honor de predicar. Pero también he visto los tristes resultados de presentaciones débiles del evangelio y predicación insípida, devocional, no doctrinal y centrada en el hombre, que está más preocupada por reconciliar a *un hombre con otro* que al *hombre con Dios.* Los púlpitos débiles inevitablemente producen cristianos débiles, que mostrarán poca semejanza con Cristo y producirán escaso fruto para su gloria.

Una sostenida dieta de anécdotas, humor y comentarios dispersos basados en algún versículo o historia bíblica es lo mismo que consumir comida chatarra carente de nutrición. Lamentablemente, al igual que los adictos a esa clase de comida, los cristianos desnutridos pierden su asombro por Dios y no pueden decir con David: «En el glorioso esplendor de Tu majestad, y en Tus obras maravillosas meditaré» (Sal. 145:5). Tan solo conversar amistosamente con personas que asisten a este tipo de iglesias deja en claro la realidad. Rara vez, si acaso, uno detectará un apetito insaciable por la Palabra, un alegre compromiso con la santidad, una carga por los perdidos o una sed de la presencia de Dios que satisface el alma. Desde su perspectiva, tienen todo lo que necesitan y quieren de Cristo. Mejor aún, pregúntales lo que leen, como yo he hecho a veces. Si realmente leen, su bibliografía normalmente girará en torno a los libros éxito de ventas de la librería cristiana, de los cuales la mayoría contiene graves errores teológicos.

¡Qué tragedia! No debería sorprendernos que en las iglesias donde no existe la predicación expositiva, el discernimiento bíblico sea igualmente inexistente. Miles de iglesias son víctimas de modas religiosas que vienen y van como las canciones exitosas en la radio. Recordemos un movimiento de hombres muy extendido en la década de 1990, que los alimentaba con un evangelio liberal sazonado con error carismático, desde un bufé que, al parecer, despreciaba deliberadamente los principios bíblicos de santificación esenciales para el crecimiento espiritual.

Diez años después, en el 2000, una nueva moda captó la atención de las iglesias. Los evangélicos sin discernimiento corrían alocadamente tras un libro sobre la oración, que vendía un elixir espiritual garantizado para elevarnos a un nivel más alto de cristianismo. Cientos de miles de cristianos profesos se devoraron su torcida comprensión de la oración, la prosperidad y la providencia de Dios. Algunos años después, otro libro causó furor con su contenido cuasievangélico, que promovía un evangelio no ofensivo. Muchos individuos aún siguen siendo atraídos y, en muchos casos, quizá no comprendan el verdadero evangelio de Dios, pero están convencidos de que van hacia el cielo.

Mientras tanto, evangélicos ingenuos pero hambrientos clamaron aún más por la siguiente fantasía espiritual, y Satanás entregó una novela de ficción que intentaba responder a la pregunta: «¿Por qué Dios permite el mal?». A pesar de sus blasfemas representaciones erradas de la Trinidad, que transgredían el segundo mandamiento de Dios —que prohíbe la adoración de representaciones de Él hechas por hombres (Éx. 20:4-6)—, la reacción evangélica no distaba de ser eufórica. A pesar de su trivialización de la santidad de Dios y sus persistentes ataques al cristianismo ortodoxo, tuvo tanta popularidad que se convirtió en película.

Luego vino la siguiente estrella fugaz que destelló en el cielo evangélico, un movimiento en el que los evangélicos vanguardistas se congregaban en salas iluminadas por velas con una copa de Chardonnay para compartir su ignorancia y vapulear con insolencia a quienes aman la verdad.

El punto es este: *la predicación doctrinal protege de estos peligros.* Como hemos visto, *Pablo estaba confiado en un solo método: la predicación expositiva.* El creyente debe ser constantemente «nutrido con las palabras de la fe y de la buena doctrina» (1 Ti. 4:6).

Cada vez que vemos a Dios alto y exaltado en su Palabra, estamos desnudos «ante los ojos de Aquel a quien tenemos que dar cuenta» (He. 4:13) y experimentamos una mezcla de profundo terror en la confesión y sublime gozo en el perdón. Nos volvemos como Isaías cuando quedó expuesto por la radiante luz de la santidad divina y clamó: «¡Ay de mí! Porque perdido estoy» (Is. 6:5).

Esta es la clase de exposición que necesita la Iglesia.

LO QUE LA PREDICACIÓN EXPOSITIVA NO ES

Muy a menudo se tiene por predicación expositiva lo que es poco más que un breve comentario de un pasaje, que sirve como plataforma de lanzamiento para ideas al azar, opiniones humanas y divagaciones incoherentes de un predicador, sin un tema, unidad o dirección claros. Peor aún, muchas veces la supuesta «exposición» no tiene nada que ver con el sentido pretendido por Dios.

A comienzos de mi ministerio, quedé impactado con diez sugerencias de lo que la predicación expositiva no es, extraídas del libro

Power in Expository Preaching, de Faris D. Whitesell. Tal vez a ti te resulte útil. Esta es la lista:

1. No es un comentario que va de palabra en palabra y de versículo en versículo sin unidad, bosquejo e intención generalizada.
2. No son comentarios dispersos y observaciones improvisadas acerca de un pasaje sin un trasfondo de minuciosa exégesis y orden lógico.
3. No es un cúmulo de sugerencias inconexas e inferencias basadas en el significado superficial de un pasaje, pero no sustentadas por un estudio cabal del texto.
4. No es pura exégesis, por muy académica que sea, si le falta un tema, tesis, bosquejo y desarrollo.
5. No es un mero bosquejo estructural de un pasaje con algunos comentarios de apoyo, pero sin otros elementos retóricos y sermonarios.
6. No es una homilía temática que usa partes dispersas del pasaje, pero omite el análisis de otras partes igualmente importantes.
7. No es una recopilación fragmentada de hallazgos gramaticales y citas de comentarios bíblicos sin una fusión de estos elementos en un mensaje terso, fluido, interesante y cautivador.
8. No es una discusión al estilo de una lección de escuela dominical que tiene un bosquejo del contenido, informalidad y fervor, pero le falta estructura sermonaria e ingredientes retóricos.
9. No es una lectura de la Biblia que vincula diversos pasajes dispersos que tratan un tema común, pero no aborda ninguno de ellos de manera detallada, gramatical y contextual.
10. No es la común charla devocional o de reunión de oración que combina comentarios al pasar, observaciones dispersas, sugerencias inconexas y reacciones personales en una discusión seminspiracional, pero carece del beneficio del estudio exegético y contextual básico, y de elementos persuasivos.[12]

12. Faris D. Whitesell, *Power in Expository Preaching* (Old Tappan, NJ: Revell, 1963), pp. vi-viii.

BENEFICIOS Y BENDICIONES DE LA PREDICACIÓN EXPOSITIVA

Teniendo esto en cuenta, es importante incentivar a los expositores de la Biblia con algunos de los extraordinarios beneficios y las bendiciones que personalmente he descubierto como expositor de las Escrituras. Estoy seguro de que hay otros ejemplos, y tal vez algunas de mis observaciones pueden superponerse con otras, pero espero que sean provechosas y alentadoras.

1. La predicación expositiva refleja la convicción de que la Biblia es la Palabra de Dios inspirada, inerrante, infalible, autoritativa y totalmente suficiente.
2. La predicación expositiva expone con precisión los principios y las doctrinas de un texto en consonancia con la intención original del autor.
3. La predicación expositiva explica el significado que Dios pretende en un texto de un modo coherente con el uso normal del lenguaje y en su contexto original.
4. La predicación expositiva provee la única fuente legítima de autoridad para el predicador.
5. La predicación expositiva facilita la declaración de todo el consejo de Dios.
6. La predicación expositiva elimina el peligro de la predicación de los temas favoritos y la maldición de volverse monotemático.
7. La predicación expositiva obliga al predicador a interpretar los pasajes difíciles y controversiales.
8. La predicación expositiva previene la infiltración de filosofías mundanas y opiniones humanas.
9. La predicación expositiva imita la predicación de Cristo y los apóstoles.
10. La predicación expositiva protege de la malinterpretación y de la aplicación errónea.
11. La predicación expositiva ejemplifica el modo apropiado de estudiar y aplicar las Escrituras.

12. La predicación expositiva demuestra la unidad y claridad de las Escrituras.
13. La predicación expositiva llama la atención a otros pasajes paralelos en las Escrituras.
14. La predicación expositiva demuestra *cómo, por qué* y *dónde* encaja cada pasaje en las Escrituras como un todo.
15. La predicación expositiva sintetiza las doctrinas bíblicas y desarrolla una teología sistemática.
16. La predicación expositiva tiene acceso a la infinita reserva de la revelación divina.
17. La predicación expositiva demuestra la practicidad intemporal y contemporánea de la Palabra de Dios.
18. La predicación expositiva causa que una congregación crezca en la gracia y el conocimiento de Dios y desarrolle unidad, madurez y discernimiento espiritual.
19. La predicación expositiva construye una biblioteca de interpretación bíblica a la que se puede acceder para futura referencia.
20. La predicación expositiva desarrolla al predicador como un administrador confiable de los misterios de Dios.
21. La predicación expositiva obliga al predicador a mantenerse enfocado en la Palabra, lo que ocasiona su propia alimentación, crecimiento y poder espiritual.
22. La predicación expositiva asegura que el tema de un predicador emerja directamente de las Escrituras y no de él mismo.
23. La predicación expositiva produce un insaciable apetito por la Palabra de Dios tanto en el predicador como en su congregación.
24. La predicación expositiva motiva al predicador a vivir en un espíritu de oración y comunión con Dios, para que pueda segmentar correctamente la Palabra de verdad y proclamarla con autoridad, valentía y amor.
25. La predicación expositiva hace que el predicador se pierda en la absoluta maravilla de la revelación divina y la pura gracia de su solemnísimo llamado.

PALABRAS FINALES

Está fuera del propósito de nuestra discusión especificar los pasos y el proceso reales de la predicación expositiva. Otros ya lo han hecho muy detalladamente y mucho mejor de lo que yo podría esperar hacerlo. Ha sido de gran beneficio para mí el excelente libro escrito por John MacArthur Jr. y el profesorado de The Master's Seminary, titulado *La predicación: Cómo predicar bíblicamente.*[13] También recomendaría *La predicación y los predicadores,*[14] de Martyn Lloyd-Jones, así como *Discursos a mis estudiantes,*[15] de Charles Spurgeon. Pero además de estas fuentes, una de las mejores formas de entender el arte y la ciencia de la predicación expositiva es escuchar a grandes expositores.

Como hemos visto hasta aquí en este libro, Pablo estaba *consumido por lo gloria de Dios,* el principio clave fundamental para el ministerio eficaz. En consecuencia, él estaba *contento con su sufrimiento, convencido de su llamado, controlado por un solo mensaje* y *confiado en un solo método: la predicación expositiva.* Por este motivo, podía decir con sinceridad: «A Él nosotros proclamamos, amonestando a todos los hombres, y enseñando a todos los hombres con toda sabiduría» (Col. 1:28). Todos estos principios eran pilares de su ministerio, junto con otros dos que emergen de Colosenses 1:24-29: él estaba *comprometido con un solo fin* —la materia del siguiente capítulo— y *confirmado por un solo poder,* la materia del último capítulo. Mi sincera oración es que todo hombre que ha sido llamado al más alto de los llamamientos comparta estas convicciones.

13. John MacArthur y el profesorado de The Master's Seminary, *La predicación: Cómo predicar bíblicamente* (Nashville, TN: Grupo Nelson, 2009).

14. D. Martyn Lloyd-Jones, *La predicación y los predicadores* (Ciudad Real, España: Editorial Peregrino, 2003).

15. C. H. Spurgeon, *Discursos a mis estudiantes* (El Paso, TX: Mundo Hispano, 1980).

Santa Biblia para mí

Santa Biblia para mí
eres un tesoro aquí;
tú contienes con verdad
la divina voluntad;
tú me dices lo que soy,
de quién vine y a quién voy.

Tú reprendes mi dudar;
tú me exhortas sin cesar.
Eres faro que a mi pie
lo conduce por la fe
a las fuentes del amor
del bendito Salvador.

Eres infalible voz
del Espíritu de Dios,
que vigor al alma da
cuando en aflicción está.
Tú me enseñas a triunfar
de la muerte y el pecar.

Por tu santa letra sé
que con Cristo reinaré.
Yo, que tan indigno soy,
por tu luz al cielo voy.
¡Santa Biblia!, para mí
eres un tesoro aquí.

Letra original: John Burton (1773-1822)

PRINCIPIO CLAVE #6:
Comprometido con un solo fin

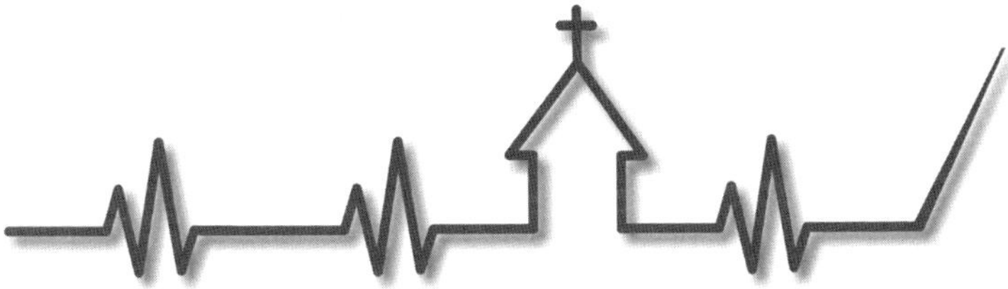

… a fin de poder presentar a todo hombre perfecto en Cristo (Col. 1:28).

Junto con mi carga por los perdidos, la mayor tristeza en mi ministerio es la falta de asombro ante la majestad y la santidad de Dios entre los evangélicos profesos. Si bien esto es, en gran medida, una consecuencia de las poderosas tentaciones de un sistema mundano satánico empeñado en proveer oportunidades ilimitadas y aparentemente irresistibles para la idolatría y la adoración de uno mismo, también está arraigado en una pobre comprensión de las perfecciones del carácter de Dios y la falta de deseo de conocerlo, especialmente en la oración. Hay poco temor de Dios por estos días; poco temblor por la santidad. No muchos lamentan su pecado, aunque muchos se deleitan en él en secreto.

Muchos cristianos se conforman con vivir en las ciénagas de los placeres terrenales antes que en las alturas de las promesas celestiales, y prefieren fijar la mirada en lo visible, que es temporal, antes que en lo invisible, que es eterno (2 Co. 4:18). Basta con ver dónde gastan su dinero. Muy poco se invierte en el reino. Pocos acumulan tesoros en el cielo (Mt. 6:19-20), lo cual delata la idolatría de sus corazones, porque, como dijo Jesús, «donde esté tu tesoro, allí estará también tu corazón» (Mt. 6:21). Es imposible que amen a Cristo las personas que, voluntariamente, son analfabetas respecto a la Biblia. No se puede amar a quien no se conoce, y a quien se ama, se quiere conocer más y mejor. El Jesús que aman será el Jesús de su propia imaginación. Lo aman porque ellos lo han inventado.

Encontrar santos maduros que manifiesten lo contrario de todo esto produce un marcado contraste con el tipo de apática irreverencia que tanto aflige a los pastores fieles. Qué maravilloso es interactuar con algún hermano o hermana en Cristo que, en alabanza a viva voz, pueda decir con David:

> Bendeciré al Señor en todo tiempo;
> continuamente estará Su alabanza en mi boca.
> En el Señor se gloriará mi alma;
> lo oirán los humildes y se regocijarán.
> Engrandezcan al Señor conmigo,
> y exaltemos a una Su nombre (Sal. 34:1-3).

Pero hoy día son contados los santos que encarnan esta clase de vida de adoración y realmente disfrutan las inescrutables riquezas de Cristo. En consecuencia, no es extraño que tan pocos experimenten en lo profundo de su interior el gozo de la presencia de Dios, que satisface el alma y los postra en humilde adoración para decir con el profeta: «El SEÑOR está en Su santo templo: Calle delante de Él toda la tierra» (Hab. 2:20).

Ya nada es trascendente. No estoy seguro de si la mayoría de los cristianos siquiera entienden qué significa la palabra «trascendente» en el contexto de la adoración congregacional. Basta con ver la vestimenta ultra casual e incluso inmodesta que las personas usan en la iglesia estos días. Un letrero que leí hace poco en una iglesia señala mi punto. Decía: «¡Nuestro pastor usa jeans, así que tú también puedes!». ¡Qué mayor muestra de prioridades invertidas! Pero en nuestra cultura posmoderna, todo es casual, común e irrelevante estos días, aun entre los creyentes, como si hubiéramos olvidado que hemos «sido comprados por un precio. Por tanto, glorifiquen a Dios en su cuerpo» (1 Co. 6:20).

Incluso pareciera que hay una inconsciente desesperación por borrar cualquier línea de distinción entre la Iglesia y el mundo, y entre cristianos y no cristianos. Demasiados creyentes parecen vivir una vida cristiana de aburrimiento en un mundo insatisfactorio, y luego trasladan su realidad terrenal hacia un Dios que es *totalmente otro:* un Dios inexpresablemente glorioso, infinitamente santo y más jubiloso de lo imaginable. Pero ellos no lo advierten. Nada parece evocar la clase de asombro que impulsaba a David a decir: «En el glorioso esplendor de Tu majestad, y en Tus obras maravillosas meditaré. Los hombres hablarán del poder de Tus hechos portentosos, y yo contaré Tu grandeza» (Sal. 145:5-6). De hecho, hoy día, dado que todo se considera «asombroso» sin importar lo trivial que sea, nada es realmente asombroso; excepto el Dios del universo tres veces santo. Pero pocos lo advierten, y entre aquellos que tal vez lo perciben en alguna medida, a pocos parece importarles.

Me entristece saber que aun entre creyentes profesos de iglesias con sana doctrina, pocos van habitualmente a la presencia de Dios en adoración privada. De hecho, en algunos círculos, la piedad personal se considera legalista, una ofensa a la gracia. Lamentablemente, son muy pocos los que conocen la admirable maravilla de tener comunión con el Dios vivo. La apatía general hacia las reuniones de oración es un testimonio de esto. A pocos parece interesarles conocer realmente a Dios. Sí, ellos quieren sus bendiciones, pero no lo quieren a *Él* realmente. Es el corrupto y egoísta amor de una prostituta que ama el dinero y los regalos más que a quien los da. Cristo no será amado de esa forma. La novia de Cristo debe amarlo por Él mismo, no solo por lo que Él da. Esta fue la acusación de Satanás contra Job. Para muchos, incluso el estudio bíblico está más motivado por un deseo de conocer la *Palabra de Dios* que un anhelo de conocer al *Dios de la Palabra;* o ser la estrella de la clase de escuela dominical en vez de disfrutar una comunión íntima con el Amante de su alma.

A la luz de esto, he observado, principalmente en nuestra sociedad acomodada, que muchos cristianos no poseen un anhelo real del cielo. ¡Me temo que muchos ni siquiera se desilusionarían si les dijeran (falsamente) que Dios no estará allí! Los pensamientos de la mayoría acerca del cielo no son mejores que el paraíso de los musulmanes. La idea de reunirse con los seres queridos fallecidos es mucho más atrayente para la mayoría que la promesa de una comunión personal sin restricción con el Dios trino, que llevó a Pablo a decir: «nos regocijamos en la esperanza de alcanzar la gloria de Dios» (Ro. 5:2, NVI; cp. 1 Jn. 3:2).

EL CAMINO A LA MADUREZ

Dada esta generalizada irreverencia, la pregunta ante nosotros es bastante simple: ¿qué se necesita hacer? Y la pregunta radica, al menos en parte, en el testimonio de Pablo en Colosenses 1:28: «A Él nosotros proclamamos, amonestando a todos los hombres, y enseñando a todos los hombres con toda sabiduría, a fin de poder presentar a todo hombre perfecto en Cristo». Los creyentes deben ser despertados e instruidos sobre quién es Dios, y las bendiciones que pertenecen a aquellos que se reconcilian con Él mediante la fe en Cristo y caminan a semejanza de Él.

Pablo estaba *comprometido con este único fin.* Como analizamos en el capítulo anterior, las principales actividades de su ministerio se pueden resumir en tres verbos: proclamar, amonestar y enseñar. Pero ¿cuál era el objetivo? La respuesta: «A fin de poder presentar a todo hombre perfecto en Cristo» (v. 28).

«Perfecto» (gr. *téleios)* también se puede traducir como «maduro» o «completo». El término se usaba para denotar la calidad de los animales para el sacrificio, que debían ser sin defecto, tal como el cordero pascual de Éxodo 12:5. Esto también lo vemos en la caracterización de Noé, quien fue descrito como «un hombre justo, perfecto entre sus contemporáneos. Noé siempre andaba con Dios» (Gn. 6:9). Los griegos tenían en alta estima a alguien que, mediante la instrucción, hubiera desarrollado una materia o arte a un punto donde era considerado un «hombre perfecto», uno que hubiera alcanzado un lugar de «madurez» o «plenitud». Es probable que el uso inspirado de Pablo de este término hubiera sido entendido en ese contexto cultural, coherente con su otro uso del término (1 Co. 2:6; 14:20; Fil. 3:15; Col. 4:12; cp. Mt. 5:48; 19:21).[1]

1. J. D. G. Dunn, *The Epistles to the Colossians and to Philemon: A Commentary on the Greek Text* (Grand Rapids, MI; Carlisle: William B. Eerdmans Publishing; Paternoster Press, 1996), pp. 125-126.

A Pablo le apasionaba «presentar a todo hombre perfecto en Cristo», es decir, ayudar a cada creyente a volverse más como Cristo. Él también entendía que el camino a la madurez espiritual era permitir que la Palabra de Dios habitara en ellos en abundancia (Col. 3:16). Puesto que el Espíritu Santo actúa mediante la Palabra de Dios, él sabía que esta era su responsabilidad con aquellos que tenía que llevar a Cristo y aquellos que pastoreaba. Con la frase «presentar a todo hombre», emplea lenguaje sacerdotal de sacrificio, como si fuera un sacerdote que ofrece sacrificios a Dios, que son «completos», «maduros» o «perfectos», refiriéndose a creyentes espiritualmente maduros, semejantes a Cristo. Esta era la carga de su corazón. Esto era lo que lo impulsaba.

Desde luego, todo pastor debe seguir este ejemplo. Esto era lo que animaba el fervor de Epafras en la oración por sus santos hermanos en Colosas; Pablo lo describe como un «siervo de Jesucristo... siempre esforzándose intensamente a favor de ustedes en sus oraciones, para que estén firmes, perfectos y completamente seguros en toda la voluntad de Dios» (Col. 4:12).

Él sabía que, simplemente, no bastaba con la mera predicación. Siguiendo el ejemplo de Jesús, entendía que el discipulado personal también era esencial en el proceso de impartir y aplicar la verdad a cada vida, de forma individual. ¡Y qué maravilla es contemplarlo! Todo pastor fiel puede concordar con Juan cuando dijo: «No tengo mayor gozo que este: oír que mis hijos andan en la verdad» (3 Jn. 4).

EL PROBLEMA DE LA INMADUREZ ESPIRITUAL

La inmadurez espiritual ha sido y siempre será un problema en la iglesia. En vez de volverse más como Cristo, muchos permanecen en un estado de infancia espiritual, y están felices así. Por ejemplo, alguien se puede jactar de haber sido cristiano por treinta años, cuando en realidad solo ha sido cristiano un año, treinta veces. Muy poco cambio ha ocurrido en el curso de la vida de esa persona. Pero la predicación y el pastoreo fieles se encargarán de esto y, por la gracia de Dios, llevarán a cabo un cambio real, medible y duradero.

Sobre la base del ministerio de Pablo, combinado con sus

declaraciones en Colosenses 1:28-29 y 2:2 (que analizaremos más detenidamente), encontramos al menos tres categorías de prioridades pastorales que se deben implementar si esperamos ver a las personas crecer hasta la adultez espiritual que verdaderamente honra y refleja a Cristo.

1. Debemos *proclamar* el carácter exaltado de Dios.
2. Debemos *amonestar* a los demás respecto a la severidad y el alcance de la idolatría en sus corazones.
3. Debemos *enseñar* a los demás la importancia de la intimidad con Dios que conduce a la madurez.

Nuestra esperanza es que estos principios referentes puedan sernos de provecho como pastores en nuestro propósito de «presentar a todo hombre perfecto en Cristo».

PRIORIDAD PASTORAL #1:
Debemos proclamar el carácter exaltado de Dios

Debemos ayudar a los creyentes a ver cómo se manifiestan los atributos de Dios, quien lleva a cabo todo lo que ha decretado en la eternidad pasada para darse gloria. Deben entender que las *perfecciones*[2] de su carácter están eterna, infinita y completamente activas en su esencia en todo tiempo, no solo en el pasaje que se analiza, sino también hoy en sus vidas. Con Pedro debemos proclamar «las virtudes de Aquel que los llamó de las tinieblas a Su luz admirable» (1 P. 2:9).

El predicador puritano del siglo XVIII en Nueva Inglaterra, Cotton Mather, dirigiéndose a jóvenes que eran candidatos al ministerio, dijo lo siguiente:

> El cargo del ministerio cristiano, entendido correctamente, es el más honorable, e importante, que algún hombre en el mundo

2. El concepto de *perfecciones* se deriva del término griego *aretas* («excelencias»), el término que usó Pedro en 1 Pedro 2:9.

> entero puede ostentar. Y será una maravillosa tarea de la eternidad considerar por qué la sabiduría y bondad de Dios asignó esto al hombre imperfecto y culpable... El gran designio y la intención del cargo de un predicador cristiano son restaurar el trono y el dominio de Dios en el alma de los hombres; manifestar en los colores más vívidos y proclamar en el lenguaje más claro, las admirables perfecciones, los oficios y la gracia del Hijo de Dios; y atraer las almas de los hombres a un estado de perpetua amistad con Él.[3]

Este es nuestro llamado como pastores, y lo hacemos porque amamos a Cristo y estamos comprometidos con un solo fin: «Presentar a todo hombre perfecto» en Él. Y esto comienza por abordar el asunto de quién es Dios *realmente,* no lo que han inventado que Él es. Esto, como afirmé antes, es la razón por la que muchos creyentes carecen del adecuado asombro ante la majestad y la santidad de Dios.

Para la mayoría de los evangélicos, Dios sencillamente es demasiado pequeño. Ellos no lo ven como realmente es, como Él se ha revelado en la creación y en las Escrituras. Las inspiradoras palabras del salmista en el Salmo 19 respecto a las impresionantes obras de Dios (revelación natural) y la séxtuple descripción de la transformadora Palabra de Dios (revelación especial) deberían llevarnos a todos a gritar: «Sean gratas las palabras de mi boca y la meditación de mi corazón delante de Ti, oh SEÑOR, roca mía y Redentor mío» (v. 14). Pero lamentablemente, estas abrumadoras realidades marcan poca diferencia en quienes están atiborrados con los placeres materialistas de este mundo.

Peor aún, en vez de que Dios sea el Creador autoexistente y no creado, Sustentador, Redentor y Consumador de todas las cosas, ha sido reducido a un dios que meramente existe para hacernos felices. En lugar de ser el Soberano omnisciente y omnipotente que conoce el final desde el principio y efectúa todas las cosas según el consejo de su voluntad, es un dios que meramente responde a la voluntad de los seres humanos. En lugar de ser el Tetragrámaton inefable que

3. Cotton Mather, *Student and Preacher*, pp. iii-v, citado por John R. W. Stott, *Between Two Worlds: The Art of Preaching in the Twentieth Century* (Grand Rapids, MI: William B. Eerdmans Publishing Co., reimp. 2000), p. 31.

debe ser temido y adorado, Él es solo una fuerza misteriosa, no conocida y ajena, indiferente a nuestros aprietos. En lugar de ser un Dios infinitamente santo que juzgará el pecado y regresará en poder y gran gloria, ha sido redefinido como un dios sonriente que le hace guiños al pecado y no tiene más propósitos respecto a los humanos en la tierra. En vez de que Cristo tenga la preeminencia en todas las cosas, Él es poco más que una idea adicional, si se piensa en Él realmente, excepto, desde luego, los domingos en la iglesia.

La impactante verdad de la sola inmanencia divina debería dejarnos postrados en solemne adoración. Saber que nuestro Dios inconmensurable está tan íntimamente involucrado con sus redimidos, que conoce nuestros pensamientos, caminos y palabras, que no hay nada en nosotros que se oculte a su mirada, debería llevarnos a decir con David: «Tal conocimiento es demasiado maravilloso para mí; es muy elevado, no lo puedo alcanzar» (Sal. 139:6). Pero los creyentes suelen estar distraídos, incluso obsesionados, con cosas de eterna insignificancia. En consecuencia, la admiración de la majestad y santidad de Dios sencillamente se pierde en la bruma cultural.

Por ejemplo, ¿cuántos creyentes crees honestamente que alguna vez meditan en la doctrina de la justificación y el plan de redención de Dios? Muy pocos, en el mejor de los casos. La mayoría de los que asisten a la iglesia son totalmente indiferentes a asuntos como qué versión de la doctrina de la justificación se enseña, o la naturaleza y la necesidad del nuevo nacimiento, o qué mirada de la santificación se adopta. Y de los que sí lo hacen, solo unos cuantos estallarán en una doxología de alabanza como Pablo cuando dijo: «¡Oh, profundidad de las riquezas y de la sabiduría y del conocimiento de Dios! ¡Cuán insondables son Sus juicios e inescrutables Sus caminos!... Porque de Él, por Él y para Él son todas las cosas. A Él sea la gloria para siempre. Amén» (Ro. 11:33, 36). Sin duda, esta debe ser la sincera doxología del corazón del pastor. Si no es así, algo anda terriblemente mal en su vida y debe hacer un serio examen para determinar dónde se ha extraviado su corazón del camino de la piedad.

A la luz de esto, todo pastor debe exhibir la gloria de Cristo en su vida, en su predicación y en su labor pastoral. Por esto, Dios le ha dado pastores-maestros a la Iglesia: para ayudar a los elegidos de Dios a alcanzar «la unidad de la fe y del pleno conocimiento del Hijo de Dios, a la condición de un hombre maduro, a la medida de la estatura de la plenitud de Cristo» (Ef. 4:13). Y no hay mayor mensaje que el evangelio para exaltar el carácter de Dios.

Proclamar la gloria de Dios en la expiación

En su discurso de despedida en Juan 13, después de despedir a Judas, quien estaba bajo el control total de Satanás, Jesús dijo: «Ahora es glorificado el Hijo del Hombre, y Dios es glorificado en Él. Si Dios es glorificado en Él, Dios también lo glorificará en Él mismo, y lo glorificará enseguida» (Jn. 13:31-32).

Aquí vemos las perfecciones de Cristo en la gloria de su expiación, un tema digno de proclamar con valentía y sin restricciones. En el Antiguo Testamento, el título «Hijo del Hombre» se asocia con la *gloria* de Cristo (como en Dn. 7), pero en los Evangelios Sinópticos se asocia con su *sufrimiento.* Y aquí el Señor usa este título suyo para unir tanto su *gloria* como su *sufrimiento.* En efecto, quizá no exista mayor manifestación de la gloria de Dios que en la obra expiatoria del Hijo. Vemos al Hijo glorificado en su inconcebible *condescendencia,* en su infinita *misericordia* y en su invencible *poder,* mientras va a la cruz para volver impotentes los efectos del pecado, Satanás y la muerte.

Dios el Padre también es glorificado en el Hijo por medio de su *soberanía* y *fidelidad* para cumplir las promesas de su pacto con Adán y Eva y sus descendientes. En el protoevangelio de Génesis 3:15, Él prometió proveer un redentor, más tarde representado en el animal inocente que mató para ofrecer una cobertura para el pecado (v. 21). Su *soberanía* y *fidelidad* también se manifiestan al proveer una vía de salvación para los elegidos de Israel y entre los gentiles que han sido injertados en la raíz de la bendición abrahámica; estos son los elementos necesarios para el naciente reino mesiánico. Él también se glorifica en su *omnisciencia,* en tanto que lleva a cabo un plan de redención que no solo *perdona a los pecadores,* sino también *los declara justos* mediante la *justicia imputada de su sacrificio perfecto.*

Lo vemos glorificado en su *santo odio al pecado,* cuando derramó su ira sobre su Hijo para satisfacer su perfecta justicia. Lo vemos glorificado en su *omnipotencia* que no solo levantaría a Jesús de entre los muertos, sino que además daría vida espiritual a pecadores muertos y un día los levantará a *ellos* de los muertos. Lo vemos glorificado en su *amor* que se magnifica de una manera tan profunda, que Juan dijo: «En esto consiste el amor: no en que nosotros hayamos amado a Dios, sino en que Él nos amó a nosotros y envió a Su Hijo como propiciación por nuestros pecados» (1 Jn. 4:10).

A decir verdad, cada atributo, cada perfección de la deidad, se manifiesta dramáticamente en la cruz del Calvario. Por este motivo, Jesús dice: «Si Dios es glorificado en Él, Dios también lo glorificará en Él mismo, y lo glorificará enseguida» (Jn. 13:32). Esto se refiere a la gloria dada al Hijo como consecuencia de su perfecta obediencia a la voluntad del Padre, su muerte sacrificial, resurrección y exaltación a la derecha del Padre en la gloria. Pablo resumió esto en Filipenses 2:9-11 cuando dijo: «Por lo cual Dios también lo exaltó hasta lo sumo, y le confirió el nombre que es sobre todo nombre, para que al nombre de Jesús SE DOBLE TODA RODILLA de los que están en el cielo, y en la tierra, y debajo de la tierra, y toda lengua confiese que Jesucristo es Señor, para gloria de Dios Padre».

Qué inmensamente emocionante es contemplar las perfecciones de Cristo en la gloria de su expiación. Y esto es lo que debemos proclamar como pastores. Debemos ayudar a los creyentes a fijar la mirada en la gloria del Señor, porque este es el medio que usa el Espíritu para transformar cada vez más a sus redimidos a semejanza de Cristo. El piadoso teólogo puritano John Owen lo expresó sumamente bien:

> Vivamos en la constante contemplación de la gloria de Cristo, y de Él saldrá virtud para reparar todas nuestras deficiencias, para renovar un espíritu recto dentro de nosotros, y para hacernos abundar en todos los deberes de la obediencia... Esta fijará el alma en aquel objeto que es adecuado para brindarle deleite, complacencia y satisfacción... Cuando la mente se llena de pensamientos de Cristo y su gloria, cuando luego el alma se aferra a Él con intenso afecto, ellos desecharán, o no admitirán, aquello que causa debilidad y padecimiento espiritual... Y nada estimulará y

animará tanto nuestra alma en este respecto como una constante visión de Cristo y su gloria.[4]

PRIORIDAD PASTORAL #2: Debemos amonestar a los demás respecto a la severidad y el alcance de la idolatría en sus corazones

Si estamos realmente comprometidos con presentar a todo hombre perfecto en Cristo (Col. 1:28), no solo debemos ayudar a los creyentes a ver los magníficos efectos de las perfecciones de Él en sus vidas, sino que, además, debemos ayudarles a ver las sutiles maneras en que distorsionan el carácter de Cristo con la forma de pensar y vivir. Ellos deben entender que esto es más que apatía; más que ignorancia; incluso más que ateísmo práctico; ¡es *idolatría!*

Cada vez que alguien adora al Dios verdadero de manera falsa, o lo redefine o le atribuye algo que no es cierto, esa persona pervierte la verdad de quién es Dios y vive como si Él no fuera quien dice ser. Entonces, al igual que los individuos del antiguo Israel, queda sujeto al juicio del Dios *que es*. Los creyentes deben escuchar esta advertencia, para que no se coloquen bajo una nube de castigo divino que acarree la pérdida de su bendición y su recompensa eterna. Deben ver la naturaleza horrible de la idolatría. Deben ser testigos de nuestro desdén hacia cualquier distorsión de las perfecciones o los propósitos en nuestra vida. Si esto no es evidente en un pastor, no ha sido enviado por Dios. No es diferente a los falsos profetas de Judá, de quienes el Señor dijo: «No escuchen las palabras de los profetas que les profetizan. Ellos los conducen hacia lo vano; les cuentan las visiones de su propia fantasía, no de la boca del SEÑOR» (Jer. 23:16). Cualquier hombre que ame a Dios —sea pastor o no— será celoso de su gloria y, por tanto, le repugnará cualquier forma de idolatría que lo distraiga de amar y servir al único Dios verdadero.

Cuando los creyentes vean cuán severa y extensa es la idolatría en sus corazones, verán más claramente el pecado y el mundo como

4. John Owen, *The Glory of Christ* The Works of John Owen, vol. 1, ed. William H. Goold, 1850-53, (Carlisle, PA: The Banner of Truth Trust, 1965), pp. 460-461. Publicado es español por Publicaciones Faro de Gracia con el título *La gloria de Cristo*.

lo que realmente son, extremadamente pecaminosos y malignos, y que ser amigo del mundo es constituirse enemigo de Dios. Así podrán captar mejor las palabras del puritano inglés William Gurnall, quien dijo: «Cuando tú, cristiano, actúas de modo profano, pecas en un alto grado, en efecto. Los demás pecan contra la luz de Dios en sus conciencias. Eso es lo más lejos que pueden llegar. Pero tú pecas contra la vida de Dios en tu corazón».[5]

Los incrédulos esclavizados por pecados que dominan la vida a menudo reconocerán una relación de amor y odio con las tentaciones que los atraen. Aman su pecado, pero odian sus consecuencias. Por lo tanto, están constantemente tratando de hallar formas de conservar su pecado y evitar las consecuencias, aun al extremo de asesinar su propia descendencia en el vientre. Cuanto más antinatural es un pecado, tanto más horroroso, y más debe pecar la persona contra la luz natural de la conciencia. Lo mismo ocurre con los cristianos que, aunque no están esclavizados, pactan neciamente con la tentación, como todos hacemos. Los incrédulos pecan con el pleno consentimiento de su voluntad, mientras que los verdaderos creyentes pecan contra su voluntad. Desean haber hecho lo contrario (Ro. 7:15-16). Pero especialmente para quien no está regenerado y actúa sin la contención del Espíritu en su interior —ya se trate de alcohol, drogas, sexo, apuestas, comida, trabajo, sobregastos o cualquier otro placer atrayente—, *las seducciones parecerán irresistibles,* aun cuando sabe que las consecuencias serán nefastas.

Las Escrituras usan a menudo el concepto de idolatría para ilustrar este devastador fenómeno espiritual. Dios detesta la idolatría más que cualquier otra clase de pecado. Por este motivo, los primeros dos de sus Diez Mandamientos prohíben la adoración a otros dioses fuera de Él o hacer alguna semejanza de Él (Éx. 20:3-6). Es aquí donde el alma de hombres y mujeres se eleva o se derrumba. La ley de Dios advierte que los dioses sustitutos inevitablemente condenarán a quienes los adoran. Jeremías dijo: «¿Puede hacer el hombre dioses para sí? ¡Pero

---

5. William Gurnall, *The Christian in Complete Armor* (Peabody MA: Hendrickson Publishers, una reproducción de la edición de Blackie and Son [Escocia], 1865), p. 416. Publicado en español por Banner of Truth con el título *El cristiano con toda la armadura de Dios*.

no son dioses!» (Jer. 16:20). Sin embargo, esto nunca ha impedido que las personas lo intenten.

El ser humano es por naturaleza un ser religioso. Está hecho a imagen de Dios para adorarlo. Pero, a causa de su naturaleza pecaminosa, «restringen la verdad» que es «evidente dentro de ellos» por medio de la razón y la conciencia (Ro. 1:18-19). Pablo luego describe el proceso y las catastróficas consecuencias de inventar dioses sustitutos (vv. 21-23).

Al final, Dios abandona a una sociedad y permite que sea esclavizada por los dioses que ha elegido, lo que trae como resultado inmoralidad sin restricción, un ardiente deseo por la homosexualidad y una mente depravada capaz de maldad inimaginable (vv. 24-32). Las Escrituras están llenas de ejemplos de esta adoración prohibida. La idolatría se describe como:

- Inclinarse ante imágenes (Éx. 20:5; Dt. 5:9).
- Adorar imágenes (Is. 44:17; Dn. 3:5, 10, 15).
- Sacrificar a imágenes (Sal. 106:38; Hch. 7:41).
- Adorar a otros dioses (Éx. 22:20; Dt. 8:19; 30:17; 2 R. 17:35; Sal. 81:9).
- Jurar por otros dioses (Éx. 23:13; Jos. 23:7).
- Hablar en nombre de otros dioses (Dt. 18:20).
- Volverse a otros dioses (Os. 3:1).
- Servir a otros dioses (Dt. 7:4; Jer. 5:19).
- Adorar al Dios verdadero mediante una imagen (Éx. 32:4-6; Sal. 106:19-20).
- Adorar ángeles (Col. 2:18).
- Adorar objetos celestiales (Dt. 4:19; 17:3).
- Adorar demonios (Mt. 4:9-10; Ap. 9:20).
- Adorar a los muertos (Sal. 106:28).
- Erigirse ídolos en el corazón (Ez. 14:3-4).
- Avaricia (Ef. 5:5; Col. 3:5).
- Sensualidad (Fil. 3:19).[6]

6. *The MacArthur Topical Bible* (Nashville, TN: Word Publishing, 1999), pp. 636-637.

Como demuestra esta lista, la idolatría es mucho más que adorar imágenes hechas por manos; incluye la adoración de sustitutos de Dios erigidos en el corazón. Fundamentalmente, *los ídolos del corazón son cualquier cosa que deseemos y nos satisfaga más que Dios.* Dicho de otro modo, nos volvemos idólatras cuando nuestro mayor gozo se encuentra en algo distinto a Dios y, de manera constante, nos rendimos a ello hasta que define nuestro carácter. Finalmente, la persona se vuelve como el ídolo al que sirve, totalmente inútil para darle gloria a Dios. El salmista declaró: «Se volverán como ellos los que los hacen, y todos los que en ellos confían» (Sal. 115:8).

Idolatría como adicción

El concepto de idolatría es especialmente útil para las personas que batallan con lo que comúnmente se denomina una «adicción». Este término suele renunciar a la responsabilidad personal, al implicar que un pecado predominante en la vida es una «enfermedad», más que idolatría voluntaria. Son «esclavos de deleites y placeres diversos» (Tit. 3:3). Más allá de los aspectos físicos de la adicción química, Edward Welch sostiene acertadamente que deberíamos...

> reconocer que las adicciones son un trastorno de la adoración. Al hacerlo, no ignoramos la experiencia de pérdida de control de las adicciones, y no nos ciegan las complejidades del mundo interior de un adicto. Sin embargo, estamos adquiriendo importantes nociones de nuestro corazón y nuestra relación con Dios. Tal visión del cambio nos recuerda de inmediato que estamos en una batalla entre la adoración a Dios y la adoración a nosotros mismos y nuestros deseos.[7]

La cuestión de fondo es que *jamás tendremos victoria sobre el pecado si no deponemos los ídolos que permitimos que nos gobiernen.* Debemos volvernos como Jonás, quien mientras estaba en el vientre del gran pez, confesó que el pecado lo había engañado. Con profunda con-

7. Edward T. Welch, *The Journal of Biblical Counseling*, vol. 16, n.º 3, primavera 1998, p. 25.

trición, confesó la esencia de su rebeldía con palabras sumamente iluminadora: «Los que siguen vanidades ilusorias, abandonan tu misericordia» (Jon. 2:8, RVC). Aquí vemos la naturaleza seductora y destructiva de la idolatría expresada en la frase «vanidades ilusorias» que él «siguió».[8]

Puesto que Jonás odiaba a los asirios por las salvajes atrocidades que habían cometido contra su familia y compatriotas, erigió en su corazón los ídolos del prejuicio y la venganza. No cabe duda de que adoraba a estos ídolos con silenciosos actos de violencia en su imaginación y descargaba públicamente su ira con maldiciones y difamación. Debido a ello, renunció a la bendición de Dios aferrándose tozudamente a dos mentiras autocomplacientes, las cuales expandían los límites de la ingenuidad hasta el punto de ruptura.[9] Primero, creyó que su deseo de que Dios destruyera a los ninivitas era justo, y por tanto, su propósito manifiesto de salvarlos estaba equivocado; y segundo, creyó que podía huir de Dios.[10]

A pesar de que estaríamos de acuerdo en que las convicciones de Jonás eran ridículas, los cristianos que inadvertidamente sirven a ídolos en su corazón repiten su estupidez. ¿Quién podría creer que la embriaguez o el abuso de fármacos puede dar como resultado algo que no sea desesperanza y tormento? ¿Quién podría creer que la airada intimidación y la incesante crítica pueden producir algo positivo en un matrimonio? No obstante, ¡millones de personas son esclavas de este tipo de cosas! ¿Por qué? *¡Porque están convencidos de que sus ídolos son la fuente de su gozo más profundo y los aman más que a Dios!* No

8. Bookman señala: «El verbo hebreo traducido como "seguir" significa "entregarse a" o "dedicarse a". Sugiere una obstinada determinación o porfía con algo a pesar de las influencias para hacer lo contrario. La "vanidad ilusoria" a la que Jonás se aferró fue "el falso amor a su país, que no permitiría que su pueblo fuera a la cautividad, cuando Dios lo haría; no permitiría que Nínive fuera preservado, el enemigo de su país". La frase "vanidades ilusorias" es más genérica, abarca todas las cosas que el hombre convierte en ídolos u objetos de confianza». John F. MacArthur Jr., Wayne A. Mack y el profesorado de The Master's College, *Introduction to Biblical Counseling: A Basic Guide to the Principles and Practice of Counseling* (Word Publishing, Dallas, Londres, Vancouver, Melbourne, 1994), p. 162.

9. Lo mismo es cierto con el actual movimiento de la atracción hacia el mismo sexo, que afirma que el Espíritu Santo no santifica de los afectos no naturales.

10. Ibíd., p. 164.

entienden que «la gracia de Dios se ha manifestado... enseñándonos que, negando la impiedad y los deseos mundanos, vivamos en este mundo sobria, justa y piadosamente» (Tit. 2:12).

Derribar los ídolos del corazón

Luego de identificar los ídolos erigidos en el corazón, los pastores deben amonestar a su rebaño de formas que concuerden con la manera en que Dios los derrotaría. A continuación, hay un muy breve plan de ataque triple que amerita mucha más especificación, especialmente en lo que puede tener relación con situaciones individuales, pero eso escapa al propósito de nuestra discusión:

Amonestación #1: Detestarlos con un odio santo

Debemos partir por ser extremadamente honestos. Debemos identificar cualquier cosa que deseemos más que a Dios y detestarla. Debemos llamar al pecado por su verdadero nombre y exponerlo como lo que realmente es, no darle nombres y títulos respetables y cubrirlo con eufemismos higienizados, ni escondernos detrás de la «libertad cristiana». Muchos están tan encariñados con sus pecados que piensan que censurarlos amenaza la libertad. Debemos aborrecer lo que Dios aborrece y reconocer la profunda ofensa que significa nuestro dios sustituto para el único Dios verdadero; y qué enorme peligro representa nuestro ídolo para nuestro bienestar espiritual. Durante la conquista de Canaán, Dios advirtió a los israelitas sobre este peligro. Les advirtió que demostraran su odio a los ídolos de los cananeos diciendo: «No traerás cosa abominable a tu casa, pues serás anatema como ella; ciertamente la aborrecerás y la abominarás, pues es anatema» (Dt. 7:26).

Vemos una mentalidad similar en las palabras de Pablo a los corintios cuando les recordó las advertencias de Dios a Israel de que no comieran cosas sacrificadas a los ídolos paganos y así evitaran cualquier identificación con la adoración a los demonios. Teniendo esto en cuenta, amonesta a los creyentes en Corinto: «¿Qué quiero decir, entonces? ¿Que lo sacrificado a los ídolos es algo, o que un ídolo es algo? No, sino que digo que lo que los gentiles sacrifican, lo sacrifican a los demonios y no a Dios; no quiero que ustedes sean partícipes con los demonios» (1 Co. 10:19-20).

Al detestar los ídolos del corazón con un odio santo, estamos de acuerdo con Dios. Este es el centro de la verdadera confesión. En 1 Juan 1:9 se nos dice: «Si confesamos nuestros pecados, Él es fiel y justo para perdonarnos los pecados y para limpiarnos de toda maldad». La palabra traducida como «confesamos» (*homologuéo)* literalmente significa «decir lo mismo». Cuando concordamos con Dios respecto a la atrocidad de nuestros ídolos y el pecado que estos demandan, estamos bien encaminados a derribarlos de una vez por todas.

Amonestación #2: Huir de ellos

El apóstol Pablo lo deja claro: «Por tanto, amados míos, huyan de la idolatría». Aquí Pablo subraya el peligro de la idolatría. Como si un niño inocente fuera a tomar una serpiente venenosa, él te dice que huyas de un ídolo antes que este ataque. Como un niño ignorante, tal vez ni siquiera sepas lo peligroso que es. La mayoría no lo sabe. Los ídolos suelen entrar en categorías, tales como *prestigio, personas, posesiones, placer, utilidades o poder.* Si en tu vida encuentras algo que deseas más que a Dios, cualquier cosa que lo haya sustituido en la adoración, cualquier cosa que sea el objeto que consume todo tu tiempo, afectos, dinero y pensamientos, huye de ello lo más rápido que puedas. Es un ídolo.

Juan hace la misma advertencia cuando dice: «Hijos, aléjense de los ídolos» (1 Jn. 5:21). En este contexto, él habla principalmente de los ídolos de las falsas creencias y prácticas que enseñan los falsos maestros. Aquellas inevitablemente nos apartarán de Cristo, de quien Juan dijo: «Este es el verdadero Dios y la vida eterna» (v. 20). Cualquier fracaso en huir de un ídolo es una clara señal de que un hombre todavía está embobado con aquello que debería detestar. Esto solo acarreará mayor engaño y esclavitud.

Amonestación #3: Evitar un contacto estrecho con idólatras

Para derrotar a un ídolo del corazón se requiere un decisivo compromiso con esta tercera amonestación. Detestar a un ídolo con un odio santo y huir de este no le valdrá mucho a quien mantiene una estrecha relación con aquellos que adoran a un dios falso. Como una manzana buena puesta en un cajón de manzanas podridas, la persona finalmente se volverá como el resto. Una vez más, el apóstol Pablo deja esto sumamente claro: «Sino que en efecto les escribí que no anduvieran en compañía de ninguno que, llamándose hermano, es una persona inmoral, o avaro, o idólatra, o difamador, o borracho, o estafador. Con esa persona, ni siquiera coman» (1 Co. 5:11). A ese extremo debemos separarnos de tales personas.

Pablo lanza advertencias que suelen ser desatendidas: «No se dejen engañar: "Las malas compañías corrompen las buenas costumbres"» (1 Co. 15:33); «No participen en las obras estériles de las tinieblas, sino más bien, desenmascárenlas» (Ef. 5:11). Sin embargo, muchos participan indirectamente en las diversas formas de entretenimiento que deciden permitirse.

Este es un mensaje que la iglesia necesita escuchar. Muy a menudo los evangélicos tienen una actitud despreocupada hacia el pecado en la vida de otros miembros profesos de sus propias iglesias y rehúsan separarse de ellos (2 Ts. 3:6, 14, 15). El resultado es devastador. La levadura termina leudando toda la masa. Y el rol del fiel pastor es advertir sobre este peligro con gran especificidad, claridad y convicción.

Esto está en el corazón de la pastoral bíblica. Si bien los problemas individuales varían enormemente, el pecado siempre será pecado, y las verdades centrales del evangelio siempre serán la respuesta. Es la solemne responsabilidad de cada pastor ayudar a su pueblo a entender la severidad y el alcance de su idolatría y sus pecaminosas lealtades a esta. Solo entonces sabrán que necesitan *quitarse* y *ponerse* un ropaje (Col. 3:5-17) con el fin de salvar la distancia entre el antiguo y el nuevo ser.

Amonestación #4: Mata tu pecado

Dios quiere lograr que nuestro amor por Él nos apremie a renunciar y matar el pecado: «Porque si ustedes viven conforme a la carne, habrán de morir; pero si por el Espíritu hacen morir las obras de la carne, vivirán» (Ro. 8:13). Pocos creyentes ven la necesidad de estar continuamente dando muerte a los restos de la influencia de la carne, mediante el poder del Espíritu que energiza nuestra santificación. Cuando matamos algo, le quitamos su fuerza, la energía y el poder para actuar. Jamás debemos alimentar nuestros deseos idólatras, sino dejarlos morir de hambre, como mataríamos las células cancerígenas para impedir que crezcan.

Pero no solo debemos mortificar los deseos de la carne, sino también remplazar nuestros deseos y crecer en las perfecciones opuestas: «limpiémonos de toda inmundicia de la carne y del espíritu, perfeccionando la santidad en el temor de Dios» (2 Co. 7:1). Sin un compromiso decisivo con la santidad personal, los peores inquilinos pronto reocuparán una casa que meramente ha sido limpiada (Lc. 11:25-26). Si hemos de caminar en el poder de la santidad, no solo debemos evitar el pecado, e incluso la apariencia de pecado, sino que debemos «ser santos como Él es santo». La gracia de Dios no solo nos enseña a «rechazar la impiedad y las pasiones mundanas», sino a «vivir en este mundo con justicia, piedad y dominio propio» (Tit. 2:12, NVI).

PRIORIDAD PASTORAL #3: Debemos enseñar la importancia de la intimidad con Dios que conduce a la madurez

Mientras que «amonestar» (*noutheteo)* denota advertir, exhortar, alentar o corregir, «enseñar» (*didásko)* comporta muchas de las mismas implicaciones, pero añadiendo el énfasis de *impartir verdad doctrinal práctica* «con toda sabiduría, a fin de poder presentar a todo hombre perfecto en Cristo» (Col. 1:28). Pablo, insisto, estaba comprometido con este único fin. Esta era la pasión de su corazón y el objetivo de su ministerio. Él quería que ellos fueran «llenos del conocimiento de Su voluntad... creciendo en el conocimiento de Dios» (Col. 1:9-10), lo que inevitablemente conducirá a un creciente amor por Él, su Palabra y su pueblo.

Asimismo, él oraba por los santos en Éfeso para que «el Dios de nuestro Señor Jesucristo, el Padre de gloria, les [diera] espíritu de sabiduría y de revelación en un mejor conocimiento de Él» (Ef. 1:17). Y lo que es más importante, oró para que tuvieran una profunda comprensión del Señor Jesucristo, «en quien están escondidos todos los tesoros de la sabiduría y del conocimiento» (Col. 2:3). Todo pastor debe estar igualmente dedicado a enseñar teología cristiana y ayudar a su rebaño a alcanzar el conocimiento de la verdad (1 Ti. 2:4; 2 Ti. 2:25; Tit. 1:1).

Sin embargo, debemos entender que aprender doctrina bíblica mediante la predicación expositiva y el estudio de teología sistemática es un ejercicio inútil, a menos que vaya acompañado del compromiso y la oración por crecer a semejanza de Dios en carácter y conducta. Debemos orar para que los creyentes le imploren a Dios una relación cada vez más profunda con el Amante de sus almas. Esto es lo que Jesús tenía en mente en su parábola de la viña y las ramas (Jn. 15:1-11). Como cristianos, jamás experimentaremos el amor y el gozo de la comunión íntima con Dios si no *permanecemos en Cristo.*

Jesús habló de la necesidad de una comunión íntima, prometiendo que, a consecuencia de ello, su gozo estaría con nosotros y sería perfecto (ver Jn. 15:9-11). Qué magnífica verdad: *el Espíritu genera una jubilosa alegría percibida en la consciencia del creyente que permanece.* Pablo lo expresó como «el amor de Dios... derramado en nuestros corazones por medio del Espíritu Santo que nos fue dado» (Ro. 5:5), y Pedro lo describió como «gozo inefable y lleno de gloria» (1 P. 1:8). Nadie que disfrute tal nivel de comunión íntima con Cristo carecerá de admiración por la majestad y santidad de Dios.

ESFUERZO POR LA MADUREZ ESPIRITUAL

Como veremos en el siguiente capítulo, Pablo trabajó hasta quedar exhausto por lograr que las personas crecieran hacia la madurez espiritual. A causa de su gran amor por Cristo y su Iglesia, dijo: «Con este fin también trabajo, esforzándome según Su poder que obra poderosamente en mí» (Col. 1:29; cp. 2:1-7). Él volvió a expresar esto en el capítulo 2 cuando dijo:

> Porque quiero que sepan qué gran lucha tengo por ustedes y por los que están en Laodicea, y por todos los que no me han visto en persona. Espero que con esto sean alentados sus corazones, y unidos en amor, alcancen todas las riquezas que proceden de una plena seguridad de comprensión, resultando en un verdadero conocimiento del misterio de Dios, es decir, de Cristo, en quien están escondidos todos los tesoros de la sabiduría y del conocimiento. Esto lo digo para que nadie los engañe con

razonamientos persuasivos. Porque aunque estoy ausente en el cuerpo, sin embargo estoy con ustedes en espíritu, regocijándome al ver su buena disciplina y la estabilidad de la fe de ustedes en Cristo. Por tanto, de la manera que recibieron a Cristo Jesús el Señor, así anden en Él; firmemente arraigados y edificados en Él y confirmados en su fe, tal como fueron instruidos, rebosando de gratitud (Col. 2:1-7).

Si bien el fruto de la madurez espiritual crecerá naturalmente en la vid de la genuina fe salvadora, el Padre usará a los pastores subordinados a Cristo para ayudarle a podar esa vid de modo que dé más fruto (Jn. 15:1-17). Esto requerirá el mismo tipo de esfuerzo y lucha que vemos en la vida y el ministerio de Pablo. Como pastores, debemos preguntarnos: ¿Me esfuerzo y lucho en beneficio de mi rebaño, para poder «presentar a todo hombre perfecto en Cristo»? En el pasaje anterior, Pablo nos da una lista abreviada de lo que esto incluiría:

- Un corazón fortalecido por el Espíritu Santo para soportar con valor las dificultades de la vida y disfrutar todo lo que es de ellos en Cristo Jesús (2:2a).
- Un fervor de amor sacrificial por Dios y los hermanos creyentes en el cuerpo de Cristo (2:2b).
- Una completa comprensión y aplicación de la verdad bíblica que conduce a la seguridad de la salvación y a la confianza en las verdades del evangelio, especialmente la deidad y suficiencia de Cristo (2c-5).
- Un andar con Cristo que manifiesta una viva unión con Él y una creciente semejanza de Él (6-7a).
- Un corazón que desborda gratitud a Dios como el benigno y glorioso Autor de todas las bendiciones de su gracia salvadora (7b).

Esto lo vemos también en la vida de un pastor puritano inglés en la iglesia de Kidderminster, Richard Baxter (1615-1691). Su ministerio realmente encarnaba a un hombre *comprometido con el solo fin de presentar a todo hombre perfecto en Cristo* (Col. 1:28). Ofrezco una pequeña porción de su autobiografía (publicada originalmente en 1655 bajo el título *Gildas Salvianus: The Reformed Pastor)* a modo de exhortación (como sigue siendo para mí) y de fuente de aliento para todo pastor que toma su encargo en serio. «Tengan cuidado de sí mismos y de toda la congregación, en medio de la cual el Espíritu Santo les ha hecho obispos para pastorear la iglesia de Dios, la cual Él compró con Su propia sangre» (Hch. 20:28). Baxter comprendía lo que se requiere para que los pastores «amonesten a los indisciplinados, animen a los desalentados, sostengan a los débiles y sean pacientes con todos» (1 Ts. 5:14). Él entendía que el verdadero ministerio del evangelio es más que predicación pública; también requiere pastoreo privado. Acerca de su ministerio, él dijo:

> Pasamos el lunes y el martes, desde la mañana hasta casi la noche, en el trabajo, escuchando a alrededor de quince o dieciséis familias en una semana, a fin de poder abarcar en un año toda la parroquia, donde hay más de ochocientas familias. Y puedo decir que hasta ahora ninguna familia ha rehusado venir a mí, y solo unas pocas personas se excusaron y no tomaron su turno. Y descubro más señales externas de éxito con la mayoría de los que efectivamente vienen, que con toda mi predicación pública dirigida a ellos.[11]

Si bien es fácil desmerecer su modelo ministerial de pastoreo bíblico por no ser apropiado para el tiempo actual, yo humildemente sugeriría cautela ante tal reacción. Sin duda la sociedad y la cultura de la Inglaterra del siglo XVII son de muchas formas muy diferentes a nuestra época actual. Pero no te engañes: el pecado es tan pecado hoy como lo era entonces. El evangelio es tan poderoso hoy como lo era entonces. Y los pastores piadosos comprometidos con pastorear cara a cara son tan necesarios hoy como lo eran entonces.

Tal vez las palabras del propio pastor Baxter brindarán humildad e inspiración a cada lector como siguen haciéndolo para mí.

---

11. Richard Baxter, *The Reformed Pastor* (Edimburgo: The Banner of Truth Trust, 1.ra imp. 1656, reimp. 2005), p. 43. Publicado en español por la misma editorial con el título *El pastor renovado*.

Es muy común que los hombres piensen que la labor del ministerio no es más que predicar, bautizar, administrar la Cena del Señor y visitar a los enfermos. Pero solo con esto, las personas no se someterán a más; y muchísimos ministros son tan ajenos a su propio llamado que no harán más. A menudo me ha pesado en el corazón ver a algunos eminentes y hábiles predicadores que hacen tan poco por la salvación de las almas, excepto desde el púlpito; y a causa de este descuido, gran parte de su labor tiene muy poco beneficio. Tienen a cientos de personas a las que nunca les han dicho personalmente ni una sola palabra para su salvación; y a juzgar por su práctica, no consideran que sea su deber. Y lo principal que endurece a los hombres en esta supervisión es el común descuido del aspecto privado de la obra en favor de otros. Hay muy pocos que hacen mucho en esto, y la omisión se ha vuelto tan común entre hombres piadosos y capaces, que la desdicha de este hecho queda aplacada por su habilidad. Ahora un hombre puede ser culpable de ello sin ningún reparo ni deshonra en particular. El pecado nunca predomina tanto en una iglesia o estado como cuando ha ganado reputación o, al menos, no causa desdicha al pecador ni ofende a los espectadores. Pero no me cabe duda, por la misericordia de Dios, que la restauración de la práctica de la supervisión personal convencerá a muchos ministros de que esta es parte de su labor tanto como aquella que ya realizan, y que despertarán y verán que el ministerio es un tipo de ocupación distinta a lo que muchísimos excelentes predicadores conciben.

Hermanos, tan solo ocúpense atentamente en esta labor y síganla con diligencia. Aunque la realicen en silencio, sin ninguna palabra a los negligentes, tengo la esperanza de que la mayoría de ustedes que están presentes podrán vivir para ver el día cuando el descuido de la supervisión personal privada de todo el rebaño se considerará como una escandalosa y detestable omisión, y será tan desafortunado para quienes sean culpables de ello, como lo ha sido hasta hoy el predicar solo una vez al día. Un maestro debe tomar un examen personal a sus alumnos; de lo contrario, es probable que no sirva de mucho. Si los médicos solo leyeran una clase pública sobre medicina, sus pacientes no recibirían mucho beneficio de ellos; ni un abogado aseguraría nuestro patrimonio con leer una clase sobre derecho. Ahora bien, el cargo de pastor requiere un trato personal, como cualquiera de los anteriores. Demostrémoselo al mundo con nuestra práctica; pues la mayoría de los hombres son cultivados independientemente de las meras palabras.[12]

PALABRAS FINALES

Me temo que el rol de la pastoral bíblica es ajeno a muchos pastores. La mayoría de los cristianos admitirá que han experimentado muy poco de algo parecido a un involucramiento personal intencional descrito en este capítulo. Yo crecí en la iglesia y debo admitir que rara vez tuve algún encuentro personal, cara a cara, con un pastor o cualquier otro líder, a menos que yo lo iniciara. Y no puedo recordar una sola vez en que un pastor o anciano visitara a mi familia tan solo para observarnos y saber cómo estábamos espiritualmente y cómo podía ministrarnos. La comunión siempre era a distancia, y el concepto de ser realmente pastoreado era extraño para mí, como lo es para la mayoría.

Sin embargo, como pastor, yo sé cuánto cuesta hallar tiempo para hacer esto, y se necesita maniobrar y programar creativamente para que ocurra. Pero ya sea con un café informal, o durante un encuentro casual (providencial) en el almacén o durante una comida de comunión en la iglesia, aprovechar cada oportunidad para invertir nuestra vida en nuestra congregación siempre será recibido con entusiasmo y producirá mucho fruto en sus vidas, así como en la nuestra.

Espero alentar a cada pastor y líder de la Iglesia a estar igualmente dedicado a su rebaño, *comprometido con el solo fin* de «presentar a todo hombre perfecto en Cristo», en consonancia con la letra de un conocido himno que debería resonar en nuestro corazón:

12. Ibíd., pp. 178-179.

LEVÁNTENSE, HOMBRES DE DIOS

Levántense, hombres de Dios,
dejen las cosas inferiores.
Dediquen el corazón, mente, alma y fuerzas
a servir al Rey de reyes.

Levántense, hombres de Dios;
el reino ha esperado mucho.
Traigan el día de hermandad
y acaben la noche de error.

Levántense, hombres de Dios,
la iglesia los espera.
Su fuerza no iguala su labor;
levántense y háganla grandiosa.

Levanten la cruz de Cristo,
sigan sus pisadas.
Como hermanos del Hijo del Hombre,
levántense, hombres de Dios.

Letra original: William Pierson Merrill (1867-1954)

PRINCIPIO CLAVE #7:
Confirmado por un solo poder

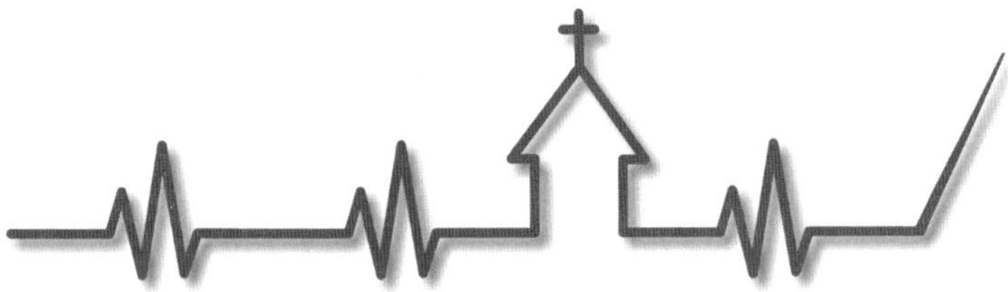

Con este fin también trabajo, esforzándome según Su poder que obra poderosamente en mí (Col. 1:29).

He observado que existe una marcada diferencia entre los pastores evangélicos. No me refiero a distinciones en la doctrina bíblica y las posturas teológicas, aunque las hay. Tampoco me refiero a las variantes en la filosofía del ministerio y el estilo de predicación, las cuales diferirán inevitablemente según la cultura, la teología, la dotación espiritual y la personalidad general. Mi observación tiene que ver con el *carácter*, la diferencia entre el *mediocre* y el *excepcional*, el *débil* y el *fuerte*, el *ineficaz* y el *eficaz*, el *inmaduro* y el *maduro*. Muy pocos poseen lo que yo llamaría una *presencia piadosa* a su alrededor.

Con *presencia piadosa* me refiero a un hombre con una notoria aura de piedad en torno a él, tanto en el púlpito como fuera de él; un hombre como Jesús. Un hombre que posee un palpable sentido de humildad y amor, que atrae hacia su presencia; un hombre que destila fortaleza espiritual, confianza, valor, sabiduría, y un notorio fervor que lo señala como un varón de Dios. Un hombre con una misión; un hombre tan absorto en la maravilla de la majestad de Dios, tan lleno de la presencia divina, que nada en este mundo le causa desesperación ni lo tienta a distraerse. Este es ese inusual hombre cuya autoridad entra con él en una sala y exige respeto sin pedirlo.

Hablo de ese hombre extraordinario que está lleno «del Espíritu Santo y de sabiduría» (Hch. 6:3), las calificaciones que los primeros santos debían buscar al elegir a los primeros diáconos, virtudes que no todo hombre posee. Un hombre que es «ejemplo de los creyentes en palabra, conducta, amor, fe y pureza» (1 Ti. 4:12), lo que Pablo llamó un «hombre de Dios» (1 Ti. 6:11).

Este es ese varón excepcional que posee tanta semejanza con Jesús que, sin duda, su poder emana de formas misteriosamente trascendentes y profundamente influyentes. Él manifiesta lo que Pablo describe como «la extraordinaria grandeza de Su poder para con nosotros los que creemos, conforme a la eficacia de la fuerza de Su poder» (Ef. 1:19); un poder personal que solo proviene de «Aquel que es poderoso para hacer todo mucho más abundantemente de lo que pedimos o entendemos, según el poder que obra en nosotros» (3:20).

No he conocido muchos hombres así, y solo puedo orar para llegar a ser uno de ellos. Pero cuando he estado con ellos, o los he oído predicar, o he leído lo que han escrito, de inmediato percibo una *presencia piadosa,* que solo proviene del gobierno irrestricto del Espíritu de Dios en sus corazones. Son la clase de hombres que uno quiere a su lado cuando sale a la batalla.

Sin duda, existen todavía hombres en este ámbito de la madurez espiritual, pero pocos de los que hoy se paran detrás de un púlpito se elevan a esa manifestación de la semejanza de Cristo. De hecho, me temo que la mayoría de los pastores son mucho más ruido que nueces, más forma que sustancia. He vivido lo suficiente para escuchar a muchos de ellos predicar, desde el *llorón* al *comediante;* del *actor* al *monótono;* del *enojado* al *empalagoso;* del *orador* al *tartamudo;* del *gritón* al *estúpido;* del *exégeta* que presume con su erudición, al *consejero bíblico* que tortura cada texto para hallar algo que «sacarle» y «ponerle».

He soportado personalmente al de *voz temblorosa,* al que *camina como pollo,* al que *golpea el púlpito,* al *cazador de herejías,* al *bohemio iconoclasta,* al *promotor de preferencias* y al *eterno recaudador de fondos.* Pero es muy inusual encontrar a un hombre con *presencia piadosa,* que pueda simplemente abrir la Palabra de Dios con autoridad divina y desaparecer detrás de la «iluminación del conocimiento de la gloria de Dios en el rostro de Cristo» (2 Co. 4:6). Es difícil hallar a aquel que, con poder que convence de pecado, traiga a hombres y mujeres, jóvenes y viejos, a la presencia del Dios Altísimo.

En las Escrituras, hay muchos ejemplos de tales hombres, como Pedro y Juan en Hechos 4, que gracias a su confianza, valentía y conocimiento que superaba su formación, asombraron a los miembros del Sanedrín, quienes reconocieron «que ellos habían estado con Jesús» (v. 13). Hay otros como Esteban, «un hombre lleno de fe y del Espíritu Santo» (Hch. 6:5), que «lleno de gracia y de poder, hacía grandes prodigios y señales entre el pueblo» (v. 8), y con un «rostro como el rostro de un ángel» (v. 15), oró para que Dios perdonara a sus homicidas (7:60).

Hay hombres como el apóstol Pablo, por medio de quien «Dios hacía milagros extraordinarios» (Hch. 19:11), cuya valiente predicación hizo temblar a un malvado gobernante (Hch. 24:25); un hombre que predicaba «con valor en el nombre del Señor» a quienes querían matarlo (Hch. 9:28-29). Pablo era, sin duda, un decidido soldado de la cruz, ocupado constantemente «en la defensa y confirmación del evangelio» (Fil. 1:7), un hombre que se paró con valentía delante del mismísimo César, el gobernante más poderoso del mundo, y con audacia dio su testimonio de fe en Cristo (Hch. 28:17-31); un hombre que, pese a una enorme oposición, peleó «la buena batalla», terminó «la carrera» y guardó «la fe» (2 Ti. 4:7).

Todos los hombres piadosos de las Escrituras entendían lo que Pablo quiso decir cuando dijo: «Con este fin también trabajo, *esforzándome según Su poder que obra poderosamente en mí*» (Col. 1:29, cursivas añadidas).

TRABAJO Y ESFUERZO EN EL ESPÍRITU

Como pastores, podemos aprender mucho del ejemplo de Pablo. Él estaba tan comprometido con «presentar a todo hombre perfecto en Cristo» (Col. 1:28), que luego añade: «Con este fin también trabajo» (v. 29). El término «trabajo» (gr. *kopiáo)* aquí significa trabajar hasta quedar exhausto. «En el griego general *kópos* significa "golpear"», como comenta James Dunn. Es «el agotamiento que resulta al ser golpeado repetidamente, y por analogía, el cansancio físico causado por el trabajo y el esfuerzo».[1] En lo que se refiere a predicación y ministerio, Pablo lo daba todo de sí, independientemente de las circunstancias en que se hallaba; el historial de sus experiencias ministeriales revela las profundas dificultades en las que trabajó arduamente (2 Co. 11:23-28).

No solo trabajó hasta la extenuación; también describió su labor: «Esforzándome según Su poder que obra poderosamente en mí». El término «esforzándome» (gr. *agonízomai)* se usa en el contexto de participar en una competencia atlética (ver 1 Co. 9:25). Esto manifiesta la necesidad de autodisciplina y el ejercicio de máximo esfuerzo. Cuando Pablo animó a Timoteo: «disciplínate a ti mismo para la piedad» (1 Ti. 4:7), usó la combinación de estos dos términos: «Porque por esto *trabajamos* y nos *esforzamos,* porque hemos puesto nuestra esperanza en el Dios vivo» (v. 10, cursivas añadidas).

Pero el *trabajo* y el *esfuerzo* de Pablo dependían totalmente de la capacitación de Dios mediante el poder del Espíritu en su interior: «Pero por la gracia de Dios soy lo que soy, y Su gracia para conmigo no resultó vana. Antes bien he trabajado mucho más que todos ellos, aunque no yo, sino la gracia de Dios en mí» (1 Co. 15:10).

Pablo entendía lo que significa ser «lleno del Espíritu» (Ef. 5:18). Una traducción literal del verbo griego para «ser lleno», *plerousthe,* comporta la idea de «estar siendo mantenido lleno», lo que en otro lugar se expresa como el proceso de «andar en el Espíritu» (Gá. 5:18). Además, dado que «ser lleno» está en voz pasiva, como creyentes nosotros somos los que recibimos la acción. ¿Y de qué se trata? *Es el continuo y completo control espiritual que ejerce el Espíritu Santo en nuestra vida para que podamos andar en perfecta armonía con la voluntad de Dios y ser capacitados para su servicio.* Al usar el imperativo, Pablo nos manda a seguir siendo llenados o controlados por el Espíritu Santo. Cuando lo hacemos, manifestamos el fruto del Espíritu (vv. 22-23). Esto es lo que Pablo tenía en mente en un pasaje paralelo:

1. J. D. G. Dunn, *The Epistles to the Colossians and to Philemon: A Commentary on the Greek Text* (Grand Rapids, MI; Carlisle: William B. Eerdmans Publishing; Paternoster Press: 1996), p. 126.

> Que la palabra de Cristo habite en abundancia en ustedes, con toda sabiduría enseñándose y amonestándose unos a otros con salmos, himnos y canciones espirituales, cantando a Dios con acción de gracias en sus corazones. Y todo lo que hagan, de palabra o de hecho, háganlo todo en el nombre del Señor Jesús, dando gracias por medio de Él a Dios el Padre (Col. 3:16-17).

Pablo verdaderamente practicaba lo que predicaba. Por ello era tan eficaz en su *trabajo* y *esfuerzo.* Él fue confirmado por un solo poder: *el Espíritu Santo que lo controlaba.* Él se sometía continuamente al control y las providencias del Espíritu Santo. Si eres pastor, es imperativo que sigas el ejemplo de Pablo para que también tú puedas trabajar y esforzarte «según Su poder que obra poderosamente en [ti]» (Col. 1:29).

Todos hemos visto pastores que operan en la carne más que en el Espíritu. Su carácter es como su predicación: aburrido, superficial e ineficaz. El fruto del Espíritu es escaso y enclenque en la vid de sus vidas. Como carniceros, ellos *manejan* a sus ovejas en lugar de *guiarlas* como pastores. Todo el tiempo ejercen su autoridad, porque la mayoría de las personas no los siguen naturalmente como líderes de confianza. Ellos *exigen* respeto en lugar de *disfrutarlo.* Muy pocos quieren ser como ellos. Las personas los *soportan* más de lo que los *estiman,* los *toleran* más de lo que los *aprecian,* y los *ignoran* más de lo que los *escuchan.* En general, aunque puedan ser inmensamente populares con congregaciones numerosas, son débiles y espiritualmente infructíferos, carentes de *presencia piadosa.* ¿Por qué? *Porque no son controlados por el Espíritu;* no se rinden a Él a cada momento, como se ha revelado en su Palabra. No así el apóstol Pablo, el excelente siervo de Dios a quien todos debemos imitar. De hecho, él nos ha pedido que lo hagamos: «Sean imitadores de mí, como también yo lo soy de Cristo» (1 Co. 11:1).

CRISTO DEPENDÍA DEL ESPÍRITU SANTO

Nuestro ejemplo supremo de un hombre con *presencia piadosa* es, por supuesto, nuestro Salvador y Señor, el Dios-hombre Jesucristo. Aunque era el Hijo de Dios, Él también estaba *controlado por el Espíritu.* En su encarnación, dependía plenamente del ministerio del Espíritu

Santo en todas las cosas, incluyendo su concepción y nacimiento virginales (Lc. 1:34-35), su bautismo (Lc. 3:21-22), su tentación en el desierto (Lc. 4:1), su predicación (Lc. 4:17-21), su crucifixión (He. 9:14) y su resurrección (Ro. 1:4; 8:11). El Espíritu Santo lo capacitaba (Lc. 4:14-15), lo llenaba (Jn. 3:34) y lo guiaba en el ministerio (Hch. 1:2). El rol del Espíritu en su vida fue predicho en las profecías de Isaías (Is. 11:2-3; 42:1; 61:1-3).

Debemos recordar que, en su encarnación, el Hijo de Dios era plenamente Dios, así como plenamente humano. Y a causa de su humanidad, dependía por completo del Espíritu Santo en cada área de su vida y ministerio. Piensa en lo que eso significa. Aunque era igual a Dios, nuestro precioso Salvador rindió voluntariamente sus glorias antes de la encarnación para poder llegar a ser como nosotros. Como supremo representante de la humanidad, solo Él podía cumplir nuestro propósito original de glorificar a Dios en perfecta obediencia, y solo Él podía sufrir y morir en nuestro lugar.

Por este motivo, el autor de Hebreos dice: «Pero vemos a Aquel que fue hecho un poco inferior a los ángeles, es decir, a Jesús, coronado de gloria y honor a causa del padecimiento de la muerte, para que por la gracia de Dios probara la muerte por todos» (He. 2:9). Él «tenía que ser hecho semejante a Sus hermanos en todo, a fin de que llegara a ser un sumo sacerdote misericordioso y fiel en las cosas que a Dios atañen, para hacer propiciación por los pecados del pueblo» (He. 2:17).

Aquel a quien los ángeles adoran tuvo que dejar la grandeza del cielo y descender a esta tierra, a un lugar que apestaba con el hedor de las aguas servidas y el olor corporal. Tuvo que vivir en un planeta corrompido por el pecado, gobernado por Satanás y contaminado por la muerte. Aunque poseía naturaleza, atributos y prerrogativas divinos, rindió voluntariamente el ejercicio independiente de ellos para cumplir el plan de su Padre, como se afirma en Filipenses 2:6-8:

> Aunque existía en forma de Dios, no consideró el ser igual a Dios como algo a qué aferrarse, sino que se despojó a Sí mismo tomando forma de siervo, haciéndose semejante a los hombres. Y hallándose en forma de hombre, se humilló Él mismo, haciéndose obediente hasta la muerte, y muerte de cruz.

Jesús nunca podría haber soportado todas estas cosas sin el ministerio del Espíritu Santo. Sin duda, si hubiera existido otra forma de redimir a los pecaminosos seres humanos, Dios la habría realizado. Pero esta fue la forma que Él eligió, la manera perfecta y más gloriosa.

Puesto que Dios es santo, todo pecado debe ser castigado. Pero las personas pecadoras jamás podrían expiar su propio pecado; por tanto, «cuando vino la plenitud del tiempo, Dios envió a Su Hijo, nacido de mujer, nacido bajo la ley, a fin de que redimiera a los que estaban bajo la ley, para que recibiéramos la adopción de hijos» (Gá. 4:4-5). Jesús tenía que asumir la naturaleza humana a fin de ser castigado por nuestro pecado, pero también tenía que ser Dios para soportar los sufrimientos de todos los elegidos, porque tal castigo solo Dios podía soportarlo. La obra de redención exigía un *theanthropon,* un Dios-hombre, alguien en quien la naturaleza humana y la Divinidad estuvieran inseparablemente unidas en una Persona.

Jesús era descendiente de David según la carne, pero como Dios, era un gobernador cuyos orígenes están en la eternidad (Mi. 5:2). Como hombre, tuvo que morir como nuestro sustituto, pero solo un Dios omnisciente podía conocer a todos aquellos que el Padre le había dado y cargar sus pecados en su cuerpo, en una expiación, no probable, sino real. Tenía que morir un hombre perfecto, pero solo Dios es santo. La carne humana tenía que ir a la tumba, pero solo Dios podía vencerla. La santa e infinita justicia de Dios no podía ser satisfecha sin un rescate santo e infinito, y solo por su propia provisión era posible efectuar tal remedio. Por lo tanto, ambas naturalezas, la humana y la divina, tenían que ser entrelazadas de manera sobrenatural por el Espíritu Santo, con el resultado del nacimiento virginal del Señor Jesucristo.

Mi punto simplemente es este: *En la humillación de su encarnación, el Señor Jesucristo dependía totalmente del ministerio del Espíritu Santo para que le permitiera a su naturaleza humana tener la victoria sobre las tentaciones del pecado y Satanás, soportar la cruz y resucitar.* Solo entonces pudo efectuar plenamente la obra de redención que el Padre lo había enviado a realizar. Si el Hijo de Dios dependía totalmente del Espíritu Santo en su vida, ¿no deberíamos nosotros hacer lo mismo? ¿No deberíamos vivir en su presencia en un estado de perpetua comunión, buscando toda expresión de su bondad y gracia?

LLAMADO A LA ORACIÓN

Los rigores del ministerio son agotadores y consumen tiempo. No he tenido nada inferior a cincuenta horas a la semana en el transcurso de mi ministerio pastoral. Recibimos llamadas 24/7. A eso se añaden necesidades de la familia, un poco de recreación, algo de mantenimiento del patio y ejercicio regular, y sin saber cómo, uno está exhausto. Pero lamentablemente, sin darnos cuenta, lo primero que eliminamos de nuestro ajetreado cronograma es lo más importante: *nuestra búsqueda privada de la santidad por medio de la oración.*

Este acto de adoración nunca debe considerarse un *deber* legalista, sino un apasionado *deseo* —una alegre *disciplina*—, como comer un delicioso plato; un anhelo de ver a Dios glorificado y experimentar su presencia, que satisface el alma en lo profundo de nosotros. Debemos recordar que la oración no solo demuestra nuestra gran necesidad de ayuda, sino también nuestra confianza en los recursos de su bondad y gracia; nuestra confianza en Dios lo honra inmensamente. ¿Qué padre no se alegra con la oportunidad de expresar su benevolencia a su hijo que clama en necesidad? El salmista resumió la actitud de Dios en este respecto: «Invoca Mi nombre en el día de la angustia; Yo te libraré, y tú me honrarás» (Sal. 50:15). John Piper añade esta útil observación:

> Jesús dijo que en la oración aspiráramos a dos cosas: nuestro gozo y la gloria de Dios. «Pidan y recibirán, para que su gozo sea completo» (Jn. 16:24). «Y todo lo que pidan en Mi nombre, lo haré, para que el Padre sea glorificado en el Hijo» (Jn. 14:13). Estos no son dos objetivos, sino uno. Cuando nos deleitamos en el Señor, el Señor es glorificado en conceder los deseos de nuestro corazón (Sal. 37:4).[2]

2. John Piper, *God's Passion For His Glory* (Wheaton, IL: Crossway Books, 1998), p. 43. Publicado en español por editorial Unilit con el título *La pasión de Dios por su gloria.*

El Hijo de Dios encarnado es nuestro ejemplo supremo en este respecto. En Marcos 1:35 leemos: «Levantándose muy de mañana, cuando todavía estaba oscuro, Jesús salió y fue a un lugar solitario, y allí oraba». La adoración privada antes del amanecer era el hábito de nuestro Salvador. ¿Es el tuyo? Quizá no haya una mejor medición de la madurez espiritual de un hombre que su secreta devoción a Dios en oración. Muéstrenme un hombre relajado en la oración privada, y les mostraré un infante espiritual. Poco importa cuánto tiempo haya conocido a Cristo o cuánto tiempo haya sido pastor. Si no tiene una secreta devoción a Dios en la oración privada, permanece en un estado de inmadurez espiritual. No logra captar la majestad y santidad de Dios que merece nuestra absoluta adoración en oración. Además, no logra ver que Dios es honrado por su confianza en sus infinitos recursos y que Él se deleita en suplir sus necesidades, como un amoroso Padre celestial.

En su sermón *The Most High A Prayer-Hearing God,* Jonathan Edwards (1703-1758) predicó sobre este asunto en el contexto de «un ayuno convocado a causa de una enfermedad epidémica en el Este de Boston». Su texto fue: «¡Oh Tú, que escuchas la oración!» (Sal. 65:2). Esta es una pequeña porción de lo que dijo:

> ¿Por qué Dios está tan dispuesto a escuchar las oraciones de los hombres? A esto respondo:... porque Él es un Dios de infinita gracia y misericordia. En efecto, es algo muy maravilloso que un Dios tan grande esté tan dispuesto a escuchar nuestras oraciones, aunque nosotros somos tan viles e indignos. Que Él conceda libre acceso a todos en todo tiempo; que nos permita ser insistentes sin considerarlo una osadía indecente, y sea tan rico en misericordia con quienes lo invocan; que gusanos del polvo tengan tanto poder con Dios mediante la oración, que Él haga cosas tan grandes en respuesta a las oraciones de ellos y se muestre, por así decirlo, vencido por ellos. Esto es muy maravilloso cuando consideramos la distancia entre Dios y nosotros, y cómo lo hemos provocado con nuestros pecados y cuán indignos somos de la más mínima muestra de gracia. No puede ser por ninguna necesidad que Dios está a nuestro favor, porque nuestra bondad no se extiende a Él.

> Tampoco puede ser por algo en nosotros que incline el corazón de Dios hacia nosotros. No puede ser por nada digno en nuestras oraciones, que en sí mismas son cosas contaminadas. Por el contrario, es porque Dios se deleita en la misericordia y la condescendencia. En esto Él se distingue infinitamente de todos los demás dioses. Él es la gran fuente de todo bien, de quien fluye la bondad como la luz fluye del sol.[3]

Al saber que, como dice Edwards, «Dios se deleita en la misericordia y la condescendencia», ¿puede haber un motivo mejor para pedirle en oración? Él «se complace en la misericordia» (Mi. 7:18). Las bendiciones que recibimos de su beneficencia luego deben ser consideradas secundarias al compararlas con la gloria que Él recibe al dar. No obstante, las respuestas que Él da a nuestras oraciones siempre son abundantes sin medida, siempre perfectas, apropiadas y oportunas para cumplir sus propósitos en nosotros y por causa de su nombre. Al igual que Moisés, estar en la presencia del Señor por un período extendido causa que nuestro rostro, por así decirlo, refleje el esplendor de su gloria.

Por este motivo, insisto en que cualquier pastor sin una vida de oración privada carecerá de poder en el ministerio y, ciertamente, no manifestará una *presencia piadosa.* El tema de Cristo rara vez será destacado en sus conversaciones porque no domina su corazón. De hecho, nunca he conocido a un pastor con una robusta vida de oración privada que luche con cosas como la debilitante depresión, adicciones o algún pecado que domine su vida. Nunca he escuchado a una esposa ofrecer una legítima queja acerca de su esposo que es fiel en la oración privada. Nunca he escuchado a un hijo llorar de temor y frustración por un padre que vive en un estado de íntima comunión con Dios, fiel a: «Estén siempre gozosos. Oren sin cesar. Den gracias en todo, porque esta es la voluntad de Dios para ustedes en Cristo Jesús» (1 Ts. 5:16-18).

Quiero hacerte una pregunta: ¿oras únicamente antes de comer o siempre oras antes del amanecer? Para la mayoría, la oración se

3. Jonathan Edwards, «The Most High A Prayer-Hearing God» (sermón fechado en enero, 1735-6 y 1752). En línea, http://www.biblebb.com/files/edwards/prayer.htm. Recurso en inglés.

limita a las comidas o cuando llega una gran crisis a sus vidas. Pero, lamentablemente, muchísimos pastores no están familiarizados con el propiciatorio, son extraños al trono de la gracia. La comunión con el que ama sus almas simplemente no es una prioridad, porque Él no es la fuente de la mayor satisfacción y el gozo de ellos.

Si bien una falta de autodisciplina contribuye a esta laxitud, fundamentalmente es consecuencia de amar otras cosas más que a Dios. Algún ídolo ha ocupado el lugar de Dios y ha distraído a un hombre de esta esencial disciplina y privilegio. A decir verdad, ningún ministerio será eficaz, ningún matrimonio será satisfactorio, ninguna familia será bendecida sin las súplicas de la oración privada. Sin duda, la oración jamás será la prioridad de madrugada para el holgazán al que le gusta dormir, ni será prioridad para el pastor del domingo a la mañana, que pretende servir a Cristo algunas horas el domingo, pero el resto de la semana vive para sí mismo. Pero será la prioridad del soldado de la cruz, cansado de la batalla, que necesita fuerzas con urgencia; el guerrero que implora más discernimiento, fe, resistencia, humildad, amor, paciencia y fruto; que suplica más luz en la Palabra y valor en la batalla, porque sabe que separado de Cristo nada puede hacer (Jn. 15:5).

Confieso que, como pastor, una de las cosas que más resiento es haber pasado demasiado tiempo en el ministerio público y no suficiente en comunión privada con el Señor. Pero con los años he aprendido que la *oración* es más importante que la *preparación;* el *cuarto* es más importante que la *biblioteca;* y el *corazón* es más importante que el *conocimiento.* He aprendido que la oración es la pala que desentierra perlas escondidas en un texto. Es el taladro que perfora hasta las profundas cavernas de agua viva. He aprendido que la oración es lo que invoca al Espíritu para que dé vida a los que están espiritualmente muertos y disuelva los corazones endurecidos. He aprendido que la oración es la que enciende al predicador con un santo celo y transforma su torpe retórica en lenguas de fuego. He aprendido que es la oración —disciplinada, ferviente, privada y persistente— la que transforma a pastores débiles, superficiales y cobardes en poderosos guerreros de la cruz.

Hoy muchos tienen hambre de la gloria y la grandeza de Dios, y están buscando a hombres piadosos con una presencia piadosa que les muestren al Padre. Y nosotros somos los hombres que Él ha elegido para pastorearlos. Pero no podemos hacerlo por nuestras propias fuerzas. Sin importar lo desordenada y caótica que pueda volverse la vida, para nosotros buscar intensamente a Dios en nuestra propia búsqueda personal y privada de la santidad debe ser una prioridad disciplinada, no negociable y continua. Nuestra secreta devoción a Él es más importante que cualquier otra cosa en la vida y el ministerio. Debemos anhelar la *presencia perceptible* de Cristo y orar fervientemente por ella. Cuando experimentamos sus gloriosas perfecciones, podemos impulsar a otros a buscarlo y *verlo* en su Palabra. Solo entonces podemos producir una verdadera sed del Dios vivo en los creyentes.

Este debe ser el interés de nuestro corazón al preparar el sermón, mucho antes de pararnos en el púlpito. Debemos aprender el poder de la oración si esperamos guiar a otros a Cristo y «presentar a cada hombre perfecto en Cristo» (Col. 1:28). Esto es lo que desata «Su poder que obra poderosamente en [nosotros]» (v. 29). El pastor de Nueva Inglaterra Phillips Brooks (1835-1893) lo expresó magistralmente:

> Nada sino el fuego enciende el fuego. Conocer en la propia naturaleza qué es vivir por Cristo; ser suyo, no de uno mismo; estar tan ocupado con gratitud por lo que Él hizo por nosotros y por lo que es continuamente para nosotros, para que su voluntad y su gloria sean el único deseo de nuestra vida... esa es la primera necesidad del predicador.[4]

De manera similar, el Dr. David Larsen, profesor emérito de predicación en Trinity Evangelical Divinity School —realmente un hombre con *presencia piadosa* que habla con el poder del Espíritu Santo—, dijo esto acerca de la oración y la predicación:

> Es extraño que cualquier discusión sobre la predicación tenga lugar fuera del contexto de la oración creyente. Mientras no lo hagamos, no estamos preparados... No podemos presentar a Dios

4. Phillips Brooks, *The Joy of Preaching* (Grand Rapids, MI: Kregel, 1989), p. 47.

si no hemos estado delante de Dios. En consecuencia, para mí es más importante enseñarle a un alumno a orar que a predicar.[5]

LLAMADO A LA PIEDAD

El apóstol Pablo estaba confirmado por un solo poder, el poder del Espíritu Santo, el cual obraba poderosamente en él (Col. 1:29). Asimismo, debemos estar tan convencidos de nuestra propia incapacidad y tan desesperados por el poder del Espíritu en nosotros, que nos arrojemos por completo a Él en total dependencia. Este espíritu de *oración* privada, combinado con la *piedad* personal, precede a la bendición en nuestra predicación del evangelio. Este es el medio por el cual nos protegemos de las trampas del maligno, las cuales serán más numerosas y peligrosas que las que le pone al cristiano promedio. El sabio pastor puritano Richard Baxter advierte sobre esto mismo:

> Cuídense, porque el tentador los acosará con sus tentaciones más que a otros hombres. Si ustedes son los líderes contra el príncipe de la oscuridad, él no les dará tregua más allá de lo que Dios lo refrene. Él abriga la mayor malicia contra aquellos que se ocupan en causarle el mayor daño. Odió a Cristo más que a cualquiera de nosotros, porque Él es el General de campo, el Capitán de nuestra salvación, y hace más que todo el mundo alrededor contra su reino. Y también odia a los líderes bajo su mando, más que a los soldados rasos; él sabe qué gran derrota puede causar entre ellos si los líderes caen ante sus ojos... Cuídense, pues, hermanos, porque el enemigo ha puesto especialmente la mirada en ustedes. Recibirán sus más sutiles insinuaciones, incesantes solicitudes y violentos ataques. Con todo lo sabios e instruidos que son, cuídense, no sea que él resulte más listo. El diablo es más erudito que ustedes, y es un ágil debatiente; puede transformarse en ángel de luz para engañar; entrará en ti y te hará una zancadilla antes que te des cuenta; hará malabares contigo sin que lo adviertas, y te engañará sobre tu fe o tu inocencia, y no sabrás que la has perdido;

5. David Larsen, *The Anatomy of Preaching. Identifying the Issues in Preaching Today* (Grand Rapids, MI: Baker Book House, 1989), pp. 53-54.

> es más, te hará creer que se ha multiplicado o incrementado, cuando está perdida. No verás ni el anzuelo ni el hilo, menos aún al ángel mismo, mientras te ofrece su carnada. Y esta será tan adecuada a tu temperamento y disposición que él tendrá la certeza de hallar ventajas en ti, y hará que tus propios principios e inclinación te traicionen. Y cuando te haya arruinado, te hará un instrumento de ruina para otros.[6]

Una de las características más aterradoras de nuestra humanidad no redimida es nuestra incapacidad para detectar el peligro espiritual en nuestra vida. Aun como pastores, somos mucho mejores para detectar las minas terrestres ocultas en el camino de los demás, que en el que nosotros andamos cada día. Somos notoriamente débiles en cuanto a la advertencia de Jesús: «Velen y oren para que no entren en tentación; el espíritu está dispuesto, pero la carne es débil» (Mt. 26:41). Me temo que el orgullo es el mayor culpable. Sabiendo que «delante de la destrucción va el orgullo, y delante de la caída, la arrogancia de espíritu» (Pr. 16:18), y sabiendo que el enemigo procura nuestra destrucción más que la de nadie, debemos vigilar mucho más. Nuestra constante oración debe ser: «Escudríñame, oh Dios, y conoce mi corazón; pruébame y conoce mis inquietudes. Y ve si hay en mí camino malo, y guíame en el camino eterno» (Sal. 139:23-24).

Debemos aprender lo que implica vivir *coram Deo* («en la presencia de Dios») e implorarle protección y poder. Es la única manera en que podemos «estar firmes contra las insidias del diablo» (Ef. 6:11). En ese contexto, Pablo añadió: «Con toda oración y súplica oren en todo tiempo en el Espíritu, y así, velen con toda perseverancia y súplica por todos los santos» (Ef: 6:18). Esto es lo que desata el poder del Espíritu dentro de nosotros y produce una *presencia piadosa,* que refleja y emana la gloria de Dios. Solo entonces somos la clase de hombres que Dios puede usar. Pablo aborda esto en su exhortación a Timoteo:

6. Richard Baxter, *The Reformed Pastor* (Edimburgo: The Banner of Truth Trust, reimp. 2005), pp. 74-75. Publicado por la misma editorial con el título *El pastor renovado.*

> Por tanto, si alguien se limpia de estas cosas, será un vaso para honra, santificado, útil para el Señor, preparado para toda buena obra. Huye, pues, de las pasiones juveniles y sigue la justicia, la fe, el amor y la paz, con los que invocan al Señor con un corazón puro (2 Ti. 2:21-22).

Cuando aconsejo a otros pastores que luchan con algún problema de pecado en sus vidas, siempre les pido que describan su caminar con Cristo. Generalmente, su respuesta revela una gran deficiencia en la piedad. Su vida privada no refleja con exactitud su vida pública. La autocomplacencia suele ser más importante que la negación de sí mismo. Esto es especialmente relevante en nuestra relajada cultura evangélica, que tiene poca consideración por la santidad personal y rara vez ve una causa suficiente para que un hombre esté descalificado para el ministerio. Con un estándar tan bajo para la justicia, pocos pastores comparten el temor de Pablo de ser descalificado y su compromiso con la autodisciplina para cuidarse de ello: «Golpeo mi cuerpo y lo hago mi esclavo, no sea que habiendo predicado a otros, yo mismo sea descalificado» (1 Co. 9:27).

¿Cuándo fue la última vez que escuchaste de un importante seminario sobre piedad para pastores y líderes de la Iglesia? O menos aún, ¿cuándo asististe a uno? ¿Cuántos libros éxito de ventas abordan la reverencia a Dios en el ser interior, la clase de piedad que produce una conducta recta en los cristianos, sobre todo en los pastores? Muchísimos hombres simplemente no guardan su corazón ni escuchan la amonestación de Pablo sobre limpiarnos «de toda inmundicia de la carne y del espíritu, perfeccionando la santidad en el temor de Dios» (2 Co. 7:1). Si es tu caso, te insto a tomar en serio el cuidado de tu propio corazón, porque te aseguro que el enemigo ya está haciendo planes para derrotarte.

Durante un período de oración y ayuno, el piadoso pastor escocés Robert Murray M'Cheyne registró lo siguiente en su diario:

> ¿Es el deseo de mi corazón ser totalmente santificado? ¿Hay algún pecado que deseo conservar? Señor, tú lo sabes todo; sabes que

detesto todo pecado, y deseo ser hecho totalmente como Tú. Esta es la palabra más dulce de la Biblia: «El pecado no tendrá dominio sobre ustedes». ¡Oh, pues, si pudiera yacer en el polvo![7]

Con tal compromiso con la santidad personal, el cual está bien documentado a lo largo de su vida y ministerio, deberíamos atender seriamente a su advertencia a los pastores:

> No olviden cultivar el hombre interior, es decir, el corazón. Con cuánta diligencia el oficial de caballería mantiene su sable limpio y afilado; friega cada mancha con el máximo cuidado. Recuerden que ustedes son la espada de Dios, su instrumento; confío en que son para Él un vaso elegido para llevar su nombre. En gran medida, según la pureza y las perfecciones del instrumento, será el éxito. Dios no bendice tanto los grandes talentos como la gran semejanza con Jesús. Un ministro santo es una terrible arma en las manos de Dios.[8]

Este es el tipo de corazón que debemos cultivar como pastores si esperamos ser confirmados por el mismo poder que el del apóstol Pablo. Esto es lo que producirá en nosotros la confiada seguridad de que somos hombres de Dios, que hacen la obra de Dios. Esto es lo que nos protegerá de convertirnos en personas que transigen para complacer a los demás, en lugar de ser hombres con *presencia piadosa,* que irradian las cualidades de Cristo que atesoramos en nuestra alma. En su discurso sobre «El ministro como hombre», D. Martyn Lloyd-Jones fue sumamente enfático sobre este asunto:

> Este tema es difícil y puede parecer poco interesante, pero es de vital importancia. La idea principal debe ser que el ministro es

7. Copiado para WholesomeWords.org de *Bright Examples: Short Sketches of Christian Life*. Dublin; London: Dublin Tract Repository, [1860]. En línea, https://www.wholesomewords.org/biography/bmcheyne8.html.

8. Andrew A. Bonar, ed., *Memoirs of McCheyne* (Chicago, IL: Moody Publications, reimp. 1978), p. 95.

> un pastor, no un cordero de mascota. Debe estar alerta al peligro de tratar de ser agradable, popular y parlanchín. El ministro debe ser siempre y en todo lugar «el hombre de Dios», y no solo cuando está en la capilla o realizando un servicio. Es nuestro deber recordar nuestro llamado. El ministro siempre se debe mover entre las personas como uno que ha estado con Dios. Su principal objetivo debe ser agradar a Dios antes que a las personas. Lo que se requiere no es el espíritu, sino el Santo Espíritu. Lo que el ministro piense de sí mismo es de vital importancia. Solo puede ganarse su lugar y el respeto mediante una vida santa.[9]

Que Dios se complazca en amonestar nuestro corazón respecto a esta área de disciplina sumamente descuidada, por nuestro bien y para su gloria.

LA OBRA DEL ESPÍRITU EN LA PREDICACIÓN

Si bien el ministerio del Espíritu es necesario en cada área de nuestra vida como pastores, es especialmente necesario en nuestra predicación. Una vez más, vemos esto en el ministerio de predicación de Pablo, quien les recordó a los corintios: «Mi mensaje y mi predicación no fueron con palabras persuasivas de sabiduría, sino con demostración del Espíritu y de poder, para que la fe de ustedes no descanse en la sabiduría de los hombres, sino en el poder de Dios» (1 Co. 2:4-5). Pablo conocía la profunda importancia de mirar al Espíritu Santo para recibir instrucción. Nosotros debemos hacer lo mismo. Charles Spurgeon también lo entendía; a sus estudiantes les comenta:

> El Espíritu de Dios es singularmente precioso para nosotros, porque nos instruye en especial respecto a la persona y la obra de nuestro Señor Jesucristo; y ese es el punto importante de nuestra predicación… Esperemos en el Espíritu Santo con este clamor:

9. Iain H. Murray, *The Life of Martyn Lloyd-Jones* (Edimburgo: The Banner of Truth Trust, 2013), p. 159.

«Oh Espíritu Santo, revélanos al Hijo de Dios, y así muéstranos al Padre».[10]

Aquí debemos comenzar en nuestras oraciones, rogándole fervientemente al Espíritu una mayor comprensión, como el salmista que oró: «Abre mis ojos, para que vea las maravillas de Tu ley» (Sal. 119:18; cp. vv. 27, 34, 73, 125, 144, 169).

Diversos títulos del Espíritu Santo que encontramos en las Escrituras proporcionan una extraordinaria apreciación de este rol único en nuestra santificación, incluida la enseñanza que Él imparte al preparar nuestro sermón, así como el poder que desata en nuestra predicación. Seguidamente, hay cuatro títulos para considerar:

1. Puesto que Él es el «Espíritu de santidad« (Ro. 1:4), el Espíritu Santo debe preparar primero el corazón del predicador.

La preparación para cada sermón debe comenzar por la búsqueda personal de la santidad por parte del predicador. Aquí un hombre aprende lo que Pablo quiso decir con «disciplínate a ti mismo para la piedad» (1 Ti. 4:7). Aquí el hombre de Dios se rinde al control del Espíritu, les cierra la puerta a los afanes de este mundo y pone sus afectos en las cosas de arriba.

Al dedicarse a la disciplina de la piedad privada, el predicador fiel aprende a vivir en un *estado de oración* y *meditación en la Palabra de vida* con el fin de sostener y fortalecer su alma. En el sagrado lugar secreto de la adoración privada, el Espíritu habla al corazón del predicador, le revela sus pecados, alimenta su alma y aplica las Escrituras a su vida.

Samuel Davies (1723-1761) fue un hombre conocido por su piedad; fue un predicador presbiteriano en la América británica colonial, uno de los primeros predicadores no anglicanos en Virginia, y uno de los primeros misioneros a los esclavos en las colonias británicas. Sucedió a Jonathan Edwards como rector de Princeton University y ayudó a conducir la fase sureña del avivamiento religioso conocido

10. C. H. Spurgeon, *Lectures to My Students* (Peabody, MA: Hendrickson Publishers, 3.ra imp., 2012), p. 200. Publicado en español por editorial Mundo Hispano con el título *Discursos a mis estudiantes*.

como el Gran Despertar. Como muchos hombres piadosos de aquella época, entendía la importancia de la verdadera comunión con Dios y recalcaba que esto era más importante que los aspectos técnicos de la predicación. Considera estas palabras persuasivas:

> Es fácil hacer ruido en el mundo, florecer y arengar, deslumbrar a la multitud y dejarlos a todos pasmados. Pero embeberse profundamente del Espíritu del cristianismo, mantener un caminar secreto con Dios, ser santo como Él es santo, este es el esfuerzo, esta es la labor.[11]

De manera similar, John Witherspoon (1723-1794), un ministro presbiteriano escocés que fue llamado a la América británica colonial para convertirse en el sexto rector de Princeton University y, finalmente, un firmante de la *Declaración de Independencia* del 4 de julio de 1776, también era un hombre con una pasión por la piedad. En su primer sermón en Princeton, afirmó como una certeza que «la verdadera religión en el corazón es de mayor importancia para el éxito y la eficacia del ministerio, que la eminencia o los dones».[12] Él se extendió acerca de este tema en sus «Discursos sobre la elocuencia» enumerando «las cualidades de suma importancia» para la predicación del evangelio, comenzando por:

> La piedad: tener una firme convicción sobre el evangelio que ha sido llamado a predicar, y un vívido sentido de religión en su propio corazón... Los preceptos suelen estar envueltos en oscuridad o ser torcidos por la controversia; pero una vida santa alcanza de inmediato el corazón y toma posesión de este... Como conclusión de todo, quien está dedicado al servicio del evangelio debe ser santo de un modo real, visible y eminente.[13]

Hombres piadosos como Samuel Davies, John Witherspoon,

11. Iain H. Murray, *Revival and Revivalism* (Edimburgo: The Banner of Truth Trust, 1994), p. 45.
12. Ibíd., p. 45.
13. Ibíd., pp. 45-46.

George Whitefield, Jonathan Edwards y tantos otros, Dios usó para llevar a muchos a Cristo durante el primer y el segundo avivamiento del Gran Despertar en los Estados Unidos. Imagina lo que podría hacer Dios si cada pastor tuviera semejante dedicación a la santidad.

Debemos entender que *la piedad personal es el manantial de un sermón que honra a Dios.* Por lo tanto, la preparación para el sermón del domingo no es meramente lo que hacemos el viernes o el sábado, sino que está inextricablemente ligado a *quiénes somos* y *qué hacemos t*oda la semana. La preparación del sermón es una parte natural e inseparable de la obra santificadora del Espíritu en nuestra vida, que engloba cada momento que vivimos. Cada día el predicador debe ver lo que experimenta y lo que lee mediante el lente de su texto. Ilustraciones, ejemplos e ideas adicionales a menudo aparecerán donde menos lo espera.

Pero todo esto comienza cuando el Espíritu Santo prepara el corazón del predicador. Cuando esto sucede, él también descubrirá cómo el Espíritu le ayuda a preparar el sermón. Martyn Lloyd-Jones lo escribió así: «La primera y la más importante tarea del predicador es prepararse a sí mismo, no su sermón».[14]

Qué bendición es experimentar el íntimo amor de Dios obrando, conformándonos a la semejanza de Cristo y realizando su beneplácito aun en nuestra predicación.

2. *Puesto que Él es « Espíritu de sabiduría y de inteligencia, Espíritu de consejo y de poder, Espíritu de conocimiento y de temor del Señor» (Is. 11:2), debemos buscar su ayuda continuamente en los esfuerzos combinados de predicar y pastorear.*

El Espíritu Santo ha llamado y dotado a sus verdaderos pastores para que conozcan las necesidades de sus ovejas y las cuiden como corresponda. Él les ha mandado que «pastoreen el rebaño de Dios... con sincero deseo» (1 P. 5:2). Esto implica fundamentalmente guiar, alimentar y cuidar a aquellos que Dios nos ha encargado. Pablo lo señaló con claridad en su exhortación a los ancianos de Éfeso:

14. D. Martyn Lloyd-Jones, *Preaching and Preachers* (Grand Rapids, MI: Zondervan Publishing House, 1971), p. 166.

> Tengan cuidado de sí mismos y de toda la congregación, en medio de la cual el Espíritu Santo les ha hecho obispos para pastorear la iglesia de Dios, la cual Él compró con Su propia sangre. Sé que después de mi partida, vendrán lobos feroces entre ustedes que no perdonarán el rebaño. También de entre ustedes mismos se levantarán algunos hablando cosas perversas para arrastrar a los discípulos tras ellos. Por tanto, estén alerta (Hch. 20:28-31).

A medida que tenemos comunión con nuestra grey, el Espíritu nos permite percatarnos de sus necesidades y debemos abordarlas según corresponda. El Pastor del Salmo 23 nos sirve de ejemplo. El Espíritu también trae estos asuntos a la mente en nuestra predicación. Pero debemos recordar: *el pastoreo y la predicación exceden por mucho nuestra capacidad.* Con Pablo decimos: «para estas cosas, ¿quién está capacitado?» (2 Co. 2:16). Solo el ministerio capacitador del Espíritu puede hacernos vigilantes en el cuidado de nuestras ovejas mediante estos deberes inseparables.

En tanto que imploramos al Espíritu Santo su asistencia sobrenatural, Él trae a la luz las grandes necesidades de su rebaño para que las veamos: pecados que deben ser confrontados, luchas que deben ser abordadas y tristezas que deben ser consoladas. Entonces, con pleno entendimiento y confianza, preparamos nuestros sermones y los predicamos con amor y autoridad.

3. *Puesto que Él es «Consolador... el Espíritu de verdad que procede del Padre» y que «dará testimonio de [Cristo]» (Jn. 15:26), debemos buscar su instrucción para entender y aplicar su Palabra.*

Al inicio de la semana, debemos empezar a meditar en el texto del domingo, buscando la ayuda del Espíritu cada día. Como una ardilla que recolecta bellotas, comenzamos el proceso de recopilar ideas, ilustraciones y citas adicionales a partir de nuestras lecturas diarias (las cuales deberían ser abundantes). También ponemos mucha atención a experiencias únicas que podamos usar en nuestra preparación y entrega. En tanto que vivimos en un estado de comunión en oración, estas provisiones se almacenan a la espera de su aplicación apropiada.

Muchas se utilizarán para salvar la brecha entre las precisas demandas de la exégesis y el bosquejo final de la exposición.

Sin embargo, cada paso del proceso se debe realizar en oración con un espíritu de dependencia del «Espíritu de Verdad», que ilumina nuestra mente para que podamos comprender con plenitud todo el conocimiento de Dios y su voluntad (Ef. 1:17-18; Col. 1:9-10). Solo entonces podemos aceptar, obedecer y predicar las verdades que Él revela (1 Co. 2:10-16).

Siempre me sorprende cuando experimento la obra del Espíritu en mi corazón y mente durante la preparación y la entrega de una exposición. Junto con muchos otros expositores, he descubierto que nunca tengo que «dar con algún sermón»; el Espíritu siempre me los da. Nunca ha habido una ocasión cuando he tenido que buscar frenéticamente un texto el sábado para predicar el domingo, ni he tenido que lidiar durante la semana para encontrar un tema. Los textos siempre me están esperando, y los temas fluyen naturalmente de cada pasaje cuando se divide correctamente.

Esto siempre es obra del Espíritu. Y cuando eso sucede, mi mente se adelanta por mucho a mi pluma. Simplemente, no puedo escribir lo bastante rápido. Tengo que tener una hoja de apuntes aparte para anotar ideas de forma abreviada, para poder volver a estas más tarde. No es inusual que me lleguen de repente, cuando estoy haciendo algo totalmente distinto. Con la ayuda del Espíritu, el contexto original, la intención del autor, la exégesis y la explicación del pasaje se vuelven tan claros que es relativamente fácil aplicar el pasaje a los asuntos contemporáneos de la vida.

Y el tema último y culminante de cada exposición es, sin falta, *el glorioso evangelio de Jesucristo.* Una vez más, el apóstol Pablo dejó esto muy claro cuando les dijo a los corintios: «Porque nada me propuse saber entre ustedes excepto a Jesucristo, y Este crucificado» (1 Co. 2:2). Desde luego, esto no es ninguna sorpresa, porque la preparación ha sido supervisada por el ministerio del Espíritu Santo a quien le he implorado. Él es aquel que Jesús prometió que sería el Ayudador: «a quien yo enviaré del Padre, es decir, el Espíritu de verdad que procede del Padre, Él dará testimonio de Mí» (Jn. 15:26). Toda exposición dirigida por el Espíritu finalmente señalará a Jesucristo.

¡Predica siempre el evangelio! Considera cada pasaje como otro ángulo para mirar la belleza de Cristo, como examinar un magnífico diamante girándolo en todas direcciones para ver los innumerables matices de colores que se refractan a través de cada prisma de cristal. El evangelio es el diamante a través del cual la Luz del mundo puede ser mirada en toda la gloria de sus atributos (perfecciones), una diminuta vista previa de lo que contemplaremos cuando lo veamos cara a cara.

4. *Finalmente, puesto que el Espíritu Santo nos viste «con poder de lo alto» (Lc. 24:49), debemos buscar y esperar su bendición en la entrega de nuestro sermón.*

El predicador lleno del Espíritu Santo es un hombre que se somete continuamente a su control (Ef. 5:17-18). No solo experimentará la bendición del Espíritu en la *preparación,* sino que también será capacitado en la *proclamación.* El Espíritu inevitablemente causará que el texto que estudie impacte su corazón de manera profunda. Si eso no ocurre, ¡algo anda muy mal! Si un texto no conmueve al predicador, ¿cómo puede esperar que conmueva a sus oyentes? Pero ¡oh, cuando lo haga!, cuando la verdad de la gracia divina emane del corazón de un predicador potenciado por el Espíritu, aunque el tesoro esté en un vaso de barro, la Palabra saldrá con tal fuerza sobrenatural que ni hombre ni demonio podrán detenerla.

Charles Jefferson captura la esencia misma de la obra de un pastor en estas potentes palabras, un adecuado resumen de todo lo que se ha dicho respecto a las convicciones del corazón de un pastor:

> En ninguna manera es fácil para un joven llegar a ser pastor, y no debe desanimarse si no puede llegar a serlo en un día o en un año. Puede ser un orador sin dificultad. Puede convertirse en reformador en un instante. En la crítica a la política y la sociedad, puede hacer un floreciente negocio el primer domingo. Pero solo puede convertirse en pastor lentamente y transitando con paciencia el camino de la cruz. La labor del pastor es humilde; así ha sido desde el comienzo y así debe ser hasta el final. Un hombre debe limitarse a ello. Un pastor no puede brillar. No puede causar

> sensación. Debe realizar su labor en el anonimato. Las cosas que hace no causan revuelo. Su labor exige evitar continuamente la notoriedad. Es una forma de servicio que consume la vida de un hombre. Lo envejece antes de su tiempo. Todo buen pastor pone su vida por las ovejas [ya sean dos o miles]. Si un hombre depende del aplauso de la multitud, jamás debe entrar al ministerio. Las mejores cosas que hace un ministro se hacen lejos de las miradas y nunca se informan. Las conoce él y uno o dos más, y Dios. No se alegra de que se hable de su éxito en la tierra, sino de que su nombre está escrito en el cielo. El pastor en Oriente no tenía multitud que lo admirara. Vivía solo con las ovejas y las estrellas. Sus satisfacciones venían del interior. Los mensajeros de Cristo no deben esperar que bandas musicales los asistan en el camino. La de ellos es una labor humilde, modesta y a menudo inadvertida; pero si edifica las almas en la justicia, es más perdurable que las estrellas... La cercanía con Él es la condición indispensable para absorber el temperamento del pastor y aprender sus caminos.[15]

PALABRAS FINALES

Cuando era joven, a comienzos de la década de 1970, me matriculé en el Moody Bible Institute de Chicago, Illinois. Pese a que mi inmadurez espiritual era mucho mayor de lo que yo advertía entonces, Dios en su gracia comenzó su amoroso, pero a menudo doloroso, proceso de podar la deplorable vid de mi vida, para que un día yo pudiera dar más fruto para su gloria. Ese proceso de santificación realmente comenzó en uno de los primeros servicios de capilla al que asistí. No recuerdo al expositor, pero sí recuerdo la historia que contó acerca de D. L. Moody. Mientras estaba en Dublín, Irlanda, en 1873, después de una reunión de oración de toda la noche, Moody escuchó al evangelista británico Henry Varley hacer una declaración al pasar, que Dios usó para cambiar la vida de Moody. Él dijo: «El mundo aún tiene que ver lo que Dios puede hacer con, por, mediante y en un hombre total y absolutamente consagrado a Él».

15. Charles Jefferson, *The Minister As Shepherd; The Privileges and Responsibilities of Pastoral Leadership*, (Fort Washington, PA: CLC Publications, 2006), pp. 27-28.

Al igual que Moody, nunca he olvidado esas palabras. Aparte de Jesús, quizá el único hombre que cumplió con el alto estándar ha sido el apóstol Pablo. Como hemos visto en el transcurso de nuestro estudio, hay al menos *siete principios clave* que lo motivaron y lo sostuvieron a lo largo de su vida, convicciones que nosotros como pastores y líderes de la Iglesia podemos aplicar a nuestro corazón y dejar que conduzcan nuestra vida y ministerio como hicieron con los de él. Pablo era un hombre *consumido por la gloria de Dios, contento con su sufrimiento, convencido de su llamado, controlado por un solo mensaje, confiado en un solo método, comprometido con un solo fin* y *confirmado por un solo poder.*

Que Dios use estos principios para bendecir nuestra vida y ministerio, en tanto que servimos juntos a Aquel que merece lo máximo de nosotros. *¡Soli Deo Gloria!*

ALMA, BENDICE AL SEÑOR

Alma, bendice al Señor, Rey potente de gloria;
de sus mercedes esté viva en ti la memoria.
¡Oh, despertad,
arpa y salterio, entonad
himnos de honor y victoria!

Alma, bendice al Señor que a los orbes gobierna,
y te conduce paciente con mano paterna.
Te perdonó,
de todo mal te libró,
porque su gracia es eterna.

Alma, bendice al Señor, de tu vida la fuente,
que te creó, y en salud te sostiene clemente.
Tu defensor
en todo trance y dolor;
su diestra es omnipotente.

Alma, bendice al Señor y su amor infinito.
Con todo el pueblo de Dios su alabanza repito:
Dios, mi salud,
de todo bien plenitud,
¡seas por siempre bendito!

Letra original: Joachim Neander (1650-1680)

ACERCA DE SHEPHERD'S FIRE

Shepherd's Fire existe para proclamar las insondables riquezas de Cristo por medio de las comunicaciones masivas, para el ministerio de enseñanza del expositor bíblico, el Dr. David Harrell, con un énfasis especial en animar y fortalecer a los pastores y líderes de la Iglesia.

Si bien entre los principales medios del ministerio están la Internet, la radio, la consejería privada, la mentoría, los seminarios y las conferencias, un nuevo énfasis incluye el desarrollo y la publicación de una variedad de recursos en pequeños libros, *The Compact Expository Pulpit Commentary Series,* que aborda asuntos doctrinales y prácticos específicos y a menudo mal entendidos.

Visita www.shepherdsfire.org para conocer más acerca de Shepherd's Fire (solo en inglés).

EDITORIAL PORTAVOZ

NUESTRA VISIÓN

Maximizar el efecto de recursos cristianos de calidad que transforman vidas.

NUESTRA MISIÓN

Desarrollar y distribuir productos de calidad —con integridad y excelencia—, desde una perspectiva bíblica y confiable, que animen a las personas a conocer y servir a Jesucristo.

NUESTROS VALORES

Nuestros valores se encuentran fundamentados en la Biblia, fuente de toda verdad para hoy y para siempre. Nosotros ponemos en práctica estas verdades bíblicas como fundamento para las decisiones, normas y productos de nuestra compañía.

Valoramos la excelencia y la calidad.
Valoramos la integridad y la confianza.
Valoramos el mérito y la dignidad de los individuos y las relaciones.
Valoramos el servicio.
Valoramos la administración de los recursos.

Para más información acerca de nuestra editorial y los productos que publicamos visite nuestra página en la red: www.portavoz.com.